愛蔵版 精神科医が教える

お金をかけない「老後の楽しみ方」

心を豊かにする生き方のヒント48

坂隆
Hosaka

PHP研究所

はじめに――節約という新しい楽しみ

老後の不安に、お金のことを第一に挙げる人が増えていると聞きます。

「ええ、私もそう」とそこでうなずいている人に、お尋《たず》ねします。

いくらあれば、不安ではなくなるのですか?

精神科の患者さんを診《み》てきた経験からすると、この質問に答えはありません。不安に思う人は、はたから見て「十分あるじゃないか」と思うほどお金を持っていても、「もし、もっとハイパーインフレになったら……」などと不安の種を探してきます。どんな状況でも不安を感じるのです。逆にそうでない人は、「これだけで大丈夫?」と言いたくなるような状況でも、それほど不安を感じない……。

不安だと思うから不安になる。それが不安の正体ということなのですね。

私はこれまで「老後ほど自由で、自分らしく、自分が好きなように人生を楽しむことができる時期はない」と繰り返し書いてきました。

お金についても同じです。家族を抱《かか》え、特に子どもを教育しなければならない間は、どうしても必要なお金があります。でも、子どもたちを自立させた後は、家族といっても配偶者と、場合によって老いた親がいるくらいでしょう。

人生は案外うまくできていて、年を取り、お金を稼《かせ》ぐ力が小さくなってくる頃には、必要なお金も徐々《じょじょ》に減ってくるものです。

たしかに老後は、ほとんどの場合、収入は減ります。でも、これから先はもう、そんなにお金にこだわらなくても好きに生きていける……はずです。シングルの老後なら、いっそう自由度は高いでしょう。

反対にいえば、これからが人の「真の価値」が試されるときです。お金は人生を支えると同時に、人生を大きく変える魔物のような力を持っています。それだけにお金をどう使い、どう生かすか——。ここで、その人の人間性があらわになってしまう、そんな一面があるのです。

お金をある程度、自由に使える老後は、持っているお金の多少よりも、お金をどう使うかで、その人の価値が見えてくるといっても過言ではありません。

現在、高齢者層の中心になっているのは、戦後の高度成長期を引っ張ってきた団塊《だんかい》の世代やその少し前の世代でしょう。この世代はマイカー、マイホーム、海外旅行ブームなど次々と豊かな暮らしを手に入れて、「消費は美徳」という言葉に躍《おど》ってきた人たちです。その結果、消費することで幸福感を味わうことに慣れきっている人もいるかもしれません。

でも、消費に浮かれる時代はもう終わり。これからは、「消費は美徳」から「節約は美徳」へと価値観を切り換えていく時代になっていくでしょう。

節約というと、何だかわびしく、みすぼらしい……と思うのは間違いです。ダイエットに成功すると心身ともに晴れやかになるように、暮らしにおいても、不必要なものをそぎ落とし、簡素で落ち着いたものに整えると、わびしいどころか精神的にはいちだんと深まった、清々《すがすが》しい日々を実現できるのです。

人生の後半期になって目指す「節約生活」とは、他人や世間の価値観にわずらわされず、自分らしいお金の使い方をすることだといえます。節約生活は本質を大事にし、真に自分らしい本来の生き方を取り戻していくこと。そして、その見返りに、このうえなく深い充実感を味わう暮らしだと言い換えられるのではないでしょうか。だから、節約は楽しく、味わい深い生き方に通じるのです。

質素という言葉から私が思い浮かべるのは、私の親世代、あるいは祖父母世代にあたる、少し前の日本人の暮らし方です。この頃の日本人は、お金があってもなくても、つつましく静かな暮らしを営《いとな》んでいたものです。特にお年寄りがそうで、けっして貧相でもみみっちくもなく、毅然《きぜん》と背筋を伸ばし、それでいて大らかに老後を生きていた印象があります。

世の中のたいていの人は、限りあるお金で人生を最後まで生きていくものです。そうした限りあるお金でも、自分が大事にしたいものに優先順位をつけ、自分らしくメリハリをつけてお金を使って生きていく……。

節約とは、お金の使い方に自分なりの価値観で優先順位をつけ、順位の高くないものはできるだけ出費を抑《おさ》え、その分を優先順位の高いものに振り分ける……そうした知恵なのです。

そんな人生を生ききれたときこそ、本当にお金を生かして使った人生といえるのではないか。私はそう考えています。

節約は「自分らしさ」を追求するための、奥深い知性でもあるわけですね。

この本では、いわゆる節約本の類《たぐい》にある生活の知恵というよりも、質素や簡素の中にある美意識や高い価値観、また限りあるお金を真に生かして使うとはどういうことかなど、人生後半を迎えた世代に向けて、心を豊かにするお金の使い方を、さまざまな角度から書いてみたいと思っています。

お金に対する不安を隠しきれないまま、老後を生きていこうとしている世代に本当に必要なのは、自分らしいお金の使い方の知恵、真の意味の生きる英知ではないでしょうか。

節約精神の中にその答えを見出していただき、これから先の人生に役立てていただければ、著者としてこれ以上うれしいことはありません。

二〇一八年八月

保坂　隆

精神科医が教える　お金をかけない「老後の楽しみ方」〔愛蔵版〕◎目次

第2章 「老いの日」の食生活

――「生命の循環」を見つめ直す

第3章 自分の体との「ほどよい」付き合い方

――頑張るところ、養生するところ

第5章 いくつになっても楽しく遊ぶ
――地域・趣味・仕事の新たな人間関係

第6章 家族に何を遺すべきか
——お金には代えられない思いと絆

第7章 最期の日まで自分らしく生きる

——人生の総決算は潔く、清々しく

装幀——根本佐知子(梔図案室)
装画・本文イラスト——はやしみこ
編集協力——幸運社

第1章

老いてからの「節約」とは何か？

——残りの人生の優先順位をつけていく

01

質素で素朴
——意外だった「アメリカ生活」の素顔

いまから約三十年ほど前、私はカリフォルニア大学に留学することになり、ワクワク気分でアメリカ生活をスタートさせました。

テレビや映画で見聞きしたアメリカの生活は、大きな車で巨大なスーパーマーケットに出かけていき、両手で抱《かか》えきれないほど大量に食料を買い込んできて、これまた巨大な自宅の冷蔵庫にぎっしりと詰め込んでおく。家族は冷蔵庫から、コーラでもアイスクリームでも好きなときにいつでも自由に出し入れし、大きなボトルやパックから好きなだけ食べている……。

一九九〇年頃の話ですが「消費文化」の象徴のような暮らしぶりは、まだ当時の日本人にとって夢であり、憧《あこが》れでもあったのです。

ところが、実際に出会ったアメリカ人の暮らしというのは、拍子《ひようし》抜けするほど質素で素朴なものでした。

彼らの最高のもてなしは「週末、わが家でディナーを一緒にどうですか？」と夕食に招いてくれること。初めて私に声をかけてくれたのは、著名な精神科医で、私はやや緊張気味で出かけていったものでした。

街の中心部から少し行ったところにある大きな家に招き入れられると、まず、各部屋を案内し披露《ひろう》してくれます。これは欧米流のおもてなしの基本。昔はすべての部屋を案内し、「あなたの命を狙《ねら》う兵はどこにも隠《かく》れていませんよ」と示したことから生まれた習慣だと聞いたことがあります。

現在では、家のすみずみにまで行きわたっている、その家の主人、特に女主人（奥さん）のインテリアセンスを自慢するためのようで、どの部屋も本当におしゃれに、個性的にまとめられていました。

最初の挨拶《あいさつ》には子どもも顔を揃《そろ》えますが、その後、子どもたちは自室に引き上げ、大人だけの時間になります。ところが、その大人のために用意されたディナーは、野菜サラダとパスタ程度の簡単なもの。日本だったら、「わざわざ食事に招待しておいて」と、ちょっと引いてしまうのではないでしょうか。

でも、その代わりに和《なご》やかな会話が盛んに交《か》わされるのです。アメリカ人はオープンマインドな人が多く、遠来《えんらい》の友、まだ語学力にもハンディがある私が少しも気後《きおく》れするようなことがないように、退屈するようなことがないようにと、細やかな気配りを欠かしません。

やがて、野菜サラダの材料の多くは自宅のバックヤード（裏庭）で教授自身が栽培したものであり、またパスタは奥さんの手作りの生パスタだということを知り、この日のメニューがいかに心のこもったものか、手間と時間をかけたものであるかが分かりました。パスタのソースは、二日がかりで煮込《にこ》んだものだったそうです。極めつけは奥さん手作りのデザート。季節のフルーツをたっぷり使ったタルトで、ほどよく甘さが抑《おさ》えてあって、いまでもその味を忘れられないくらい、おいしい一品でした。

このように気取りがなく、背伸びもしない。お金はそれほどかけていないかもしれないけれど、手間と時間を思いきりかけた、最高のおもてなし。

その日のディナーは、「派手でゴージャス」「浪費が大好き」という私のアメリカ人像を完全にひっくり返してしまうものでした。彼らの素顔はもっと自然体。**あるがままの姿で大らかに、率直に、そして意外なほど質素に暮らすものだったのです。**

以前から、贅沢三昧《ぜいたくざんまい》の人よりも簡素で心静かな暮らしを選ぶ人に好感を覚えてはいましたが、アメリカ人の気取らない生活を楽しむ様子を目《ま》の当たりにしてからは、いっそうシンプルでナチュラル、贅を求めることのない暮らしに満足感を見出すようになりました。

02

簡素の中に「高度な精神世界」を楽しんだ日本人

テレビの番組で、ブルボン王朝の栄耀栄華《えいようえいが》をいまに伝えるフランスのヴェルサイユ宮殿を見たことがあります。

宮殿の内部は目もくらむばかりのゴージャスさ。天井からはきらめくシャンデリアが数えきれないほど下がり、壁面は重厚なタペストリーで覆《おお》われています。家具調度《ちょうど》も絢爛豪華《けんらんごうか》……。どこもかしこも一部の隙《すき》もなく飾り立てられ、ただただ圧倒されました。

北京《ペキン》の紫禁城《しきんじょう》も過剰なほどの装飾で埋め尽くされていますし、韓国の王朝ドラマからも城内が華やかに飾り立てられていた様子が窺《うかが》えます。

これに比べて、日本の御所や城は簡素で素っ気ないくらいです。天皇や城主の権勢を示しているのは、格天井《ごうてんじょう》や金泥《きんでい》などで描かれた襖絵《ふすまえ》ぐらい。謁見《えつけん》の座も配下の者の位置より一段高くなっているだけで、家具調度もほとんど置かれていません。

これは日本が貧しい国だったからでしょうか？

いえ、ヴェルサイユ宮殿や紫禁城との違いは富の差ではなく、日本人は本来、欲を膨《ふく》らませたり、富をひけらかすのは卑《いや》しいことだと考える精神性を持っていたからだ——。私はそう考えています。

それは、太閤秀吉《たいこうひでよし》が黄金の茶室を造ったときの、千利休《せんのりきゅう》をはじめとする周囲の冷ややかな蔑視《べっし》を込めたまなざしにも窺えると思います。

古来、日本人は、モノのないすっきりとした空間のほうが、むしろ豊かなイマジネーションを羽ばたかせることを知っていたのです。正面に松を描いただけの能《のう》舞台など、その象徴と言えるでしょう。

観客はこの松だけの舞台に、あるときは深山幽谷《しんざんゆうこく》を、あるときは大海原《おおうなばら》をと、千変万化《せんぺんばんか》の自然をイメージし、森羅万象《しんらばんしょう》に通じる世界に心を遊ばせるという高度な精神世界を楽しんでいたわけです。

その日本人がいったいいつ頃から、ものを所有することにこだわり、あふれるほどのものに埋もれた暮らしをよしとするようになってしまったのでしょうか。

現代の私たちにとって、仕事上の義理や世間付き合いのしがらみから解放される老いの日は、不要なものを整理して、身の回りをすっきり整えて、簡素であることの歓《よろこ》びを取り戻す絶好の機会だと思います。

必要なものだけがある暮らし。あるいは、あるものだけで満ち足りる暮らし。

年長の人間がそうした暮らしを取り戻せば、そこを訪れる子どもや孫など次世代にも浸透していき、日本人が長く伝えてきた精神性豊かな、簡素な暮らしの心地よさを伝えていけるのではないでしょうか。

社会が高齢者に求めているのは、日本文化の真の精神性を継承し、後の世代に伝えていく「中継役」だと思うのです。

03

「もったいない精神」の本質——対象へのリスペクト

最近、何かにつけて「もったいない」と思うことが増えてきました。

「もったいない」と言いながら、ふと、「もったいない」はひと昔前の、私の祖父母世代などが本当によく口にしていた言葉だったと思い出すのです。この世代は実につつましく、簡素に暮らしていたものだとしみじみ感じます。

しかも、**つつましく簡素な暮らしでありながら、みすぼらしさなどみじんもなく、背筋はシャンと伸び、暮らしのすみずみまで清々《すがすが》しい品位といおうか、高潔さに満ちていた**ことも思い出されます。

その品位、高潔な気持ちの張《は》りの底流にあったのが、「もったいない」精神ではなかったでしょうか。

老いていままでの「消費モード」から「節約モード」へ切り換えるといっても、別にみみっちく貧相な暮らしに変わるわけではありません。これから目指すのは過剰やムダをそぎ落としていく暮らし――。より具体的にいうならば、「もったいない」という気持ちを取り戻していく暮らしなのです。

「もったいない」は元来、仏教用語です。「勿体《もったい》」はものの本質を示し、森羅万象が持つ本質に対して、感謝や慈《いつく》しみをもって接する深い思いを示しています。「もったいないお言葉」とか、身に余る光栄などを「私にはもったいのうございます」と話すことがあるように、深い感慨《かんがい》を「もったいない」と表現することもあります。

その底流には、対象へのリスペクトが含まれているのです。

だから「もったいない精神」に徹したムダのない暮らしは、節約第一の、ものを最後まで大事にする暮らしに見えても、実に清々しく、高潔ささえ漂《ただよ》い、間違っても貧相になどならないでしょう。

04

年金暮らしのお金の使い方も「選択と集中」

年金暮らしになっても、毎日の食べるものや光熱費、健康保険料や介護保険料に「シルバー割引」はないので、これらを差し引くと、たいていの人は「老後の人生をエンジョイする資金」はそう潤沢《じゅんたく》ではないでしょう。

資金が潤沢でない場合はどうするか？

企業経営ではよく「選択と集中」という言葉を使うそうです。あれもこれもと手を広げるのではなく、特定の領域に目標を絞り込み、そこに資金や人材などを集中的に投入する経営戦略です。

この「選択と集中」の考え方を、私たちの「年金生活」にも採り入れるといいのではないでしょうか。

以前、中学時代の先輩と久しぶりに一杯やったとき、彼も同じようなことを話していました。先輩は男二人、女二人の四人姉弟。みな平均的なサラリーマンや公務員の家庭で、ごく平均的な年金暮らしを送っているそうですが、それでいて「暮らしぶりが、それぞれ全然違うんだよ」と笑うのです。

いちばん年長の姉夫婦は「食い道楽《どうらく》」。年中、あちこち食べ歩きに行ったり、全国からおいしいものを取り寄せては、訪ねてくる子どもや孫といっしょに食べているのだそうです。

次の長男夫婦は「海外旅行マニア」。ある旅行会社の「旅のアウトレット」のチラシをまめにチェックしては、「え、そんなに安く行けたの？」というようなリーズナブルな費用であちこち海外に出かけているそうです。

ちなみに「旅のアウトレット」とは、催行《さいこう》決定となったツアーに残席がある場合、直前になって格安で残席を売り出す情報満載のチラシなのだとか。「会社に縛られているわけではないし、出発日が迫っていても、すぐに参加できるのが定年退職者の特権だよ」とのこと。

三番目の姉は「家」に凝《こ》り、センスのいいインテリアを調《ととの》えたり、ガーデニングにひたすらお金と時間を捧《ささ》げて、楽しそうに暮らしているそうです。

末弟である先輩は「芝居やオペラの公演」などには惜《お》しげもなくお金を使い、毎年とまではいかないようですが、四国のこんぴら歌舞伎などにも遠路出かけて楽しんでいるといいます。

「そのかわり……」と先輩の言葉は続きます。彼流に言えば、ふだんの暮らしは「粗衣粗食《そいそしょく》」主義だそうです。**食べるもの、着るものは贅沢しない……。**粗衣粗食を言葉どおりに受け止めると、耐乏《たいぼう》生活を送っているような印象になりますが、老後に食べるものは簡素なくらいのほうがむしろ健康的ですし、改まった外出の機会が減るので、着るものにかけるお金も自然に少なくなっていきます。

「粗衣粗食」は、自然な老後生活のあり方といえるかもしれません。

この姉弟の例のように、老後は一般的に収入は減るものの、自分の好きなことにある程度のお金を使い、それで気持ちが満たされれば、ふだんは「粗衣粗食」でも精神的に貧しくなることなどないでしょう。

05

「節約は楽しい！」——足りなくなったら買うから卒業

日々の生活に枯渇感《こかつ》を覚えるどころか、「できるだけお金を使わない暮らし」をゲーム感覚で楽しんでいる「節約の達人」もいます。

Hさんはつい二、三年前まで、六本木に事務所を構え、さっそうと仕事をしていたイラストレーター。おしゃれでかわいいイラストは、けっこう人気が高かったのです。ところが五十代半ばであっさり引退を宣言すると、岐阜の農村に住みついてしまいました。

彼女は東京生まれの東京育ち。岐阜には縁《えん》もゆかりもありません。仕事でこの地を訪れたとき、朝靄《あさもや》に煙《けむ》る光景が神々《こうごう》しく見えたことに感動すると、その一年後には身辺をすっかり整理し、ネコ一匹を抱き、自分で車を運転して引越しました。運転免許も、田舎暮らしを決意してから取得したというから天晴《あっぱ》れです。

ところが、です。憧《あこが》れの田舎暮らしだったものの、最初のうちは驚きと困惑の連続だったといいます。これまでは「何か欲しい、何かが足りない」と思えば、二十四時間営業のスーパーなどに行けばすぐ手に入ったもの。

でも岐阜の引越し先は、いちばん近いコンビニまでも車を使って出かけなければならなかったのです。

ところが、彼女はそんな「不便な暮らし」を楽しいものに変えてしまい、いまでは「足りないものがあったら、手元にあるもので工夫する」ことに徹しているとあっけらかんと笑います。

「この間なんかね。サインペンを使い切って書けなくなっちゃったの。東京時代はすぐに一〇〇円ショップかコンビニに駆け込んだものよ。でも、ここではサインペン一本のために車で出かけるのはちょっと億劫《おっくう》だし」

そこで彼女は、ワインのコルク栓《せん》の先をちょっと燃やし、そのススをサインペンの先につけて書き、その場をしのいだそうです。

「ちょっとオーバーだけど、やったぁ！　という気持ちになるものなのね。それ以来、**何でもかんでも切れたらすぐに新しいものを買うのではなく、ほかのもので間に合わせることができないかしら、と考えるようにしているの**」

こうした工夫する暮らしは、ちょっとした「知的ゲーム感覚」でとても楽しいし、「ボケ防止には最高よ」と明るい笑い声が電話の向こうで弾《はじ》けます。

都会暮らしの現役時代を卒業し、老いを迎える人生のステージに入った彼女は、「出費を抑え、あるもので工夫しながら暮らす」のは老後の正しい姿勢だと言いきります。

六本木時代は、有名店のお菓子などを送ってくれたものですが、最近は「近くの農家で豆を分けてもらったのでストーブでじっくり煮ました」と、豆料理や自家製のフキ味噌などを送ってくれます。

その懐かしい味わいからは、彼女の正しい老後の姿勢がじんわりと伝わってくるようです。

06

「捨」とは、欲望をどんどん整理していく生き方

若い頃、私はいろいろな事情からしょっちゅう引越しを繰り返していました。結婚二十年の間に九回もです。単純計算でいえば、一ヵ所に平均二年ちょっとしか定住していないことになり、我ながら呆《あき》れてしまいます。

それなのに、引越しのたびに思うことは毎回同じ――。いよいよ荷物を運び出す段階になると、よくもこんなにたくさんの荷物がこの家に収まっていたものだと、また呆れるのです。

引越しを繰り返していた時期、つまり一ヵ所にあまり長く住んでいなかった頃でも、なぜか荷物は自己増殖でもしたかのように増え続けました。もちろん、どれもこれも、私か家の人間が持ち込んだものです。

やがて現在の住まいを手に入れ、「もう引越しはしないぞ。ここに定住するんだ」と決めたのですが、同時に「もうものは増やさない」と、つまり「以後は、必要最小限度しかものは買わない。何かを買ったら、それと交換に何かを捨てる」と固く心に誓いました。

そうしなければ、これまでと同じようにものが「自己増殖」し始めてしまい、せっかくの新しい家も占拠《せんきょ》されてしまうと思ったのです。

ところが新しいものを買わないことも徹底できなければ、買ったと同時に何かを捨てることも口ほどには実行できないまま、何となく年月を重ねてきてしまいました。その結果は、言うまでもないでしょう。

こうして行き着いた先が、仏教を学ぶことでした。前々から「生《しょう》・老《ろう》・病《びょう》・死《し》」など人が生きることの実相をより深く学びたいという思いを持っていましたが、そのうえに仏教を学べば、ものにこだわらなくなり、「捨」の精神を身につけられるのではないかという期待があったのです。

二〇一二年四月、私は高野山《こうやさん》大学大学院に籍を置く学生になり、いまも仕事の合間を縫《ぬ》っては仏教書を読みふけり、小論文にまとめる日々を送っています。
仏教を学ぶにつれて少しずつですが、仏教の真髄は宗教を超えて「捨」という
ことを教える哲学といえるのではないか、と気づくようになっています。
なかでも、鎌倉時代の僧一遍上人《いっぺんしょうにん》は「捨聖《すてひじり》」という別名で呼ばれることがあ
るほど、徹底して「捨」を説いたことで知られます。
一遍上人は「ものを捨てよ」という次元を超えて、「知恵をも愚痴《ぐち》をも捨て、
善悪の境界をも捨て、貴賤高下《きせんこうげ》の道理をも捨て、地獄をおそるる心をも捨て、極
楽を願う心をも捨て、また、諸宗の悟りをも捨て、一切の事を捨てて……」とい
うことを説かれましたが、この教えを仏教詩人・坂村真民《しんみん》は『捨ての一手』の詩
で、もう少し分かりやすくまとめています。

「天才でない者は
捨ての一手で
生きるほかはない
雑事を捨てろ

雑念を捨てろ」

真民には「軽くなろう、軽くなろう、軽くなろう、重いものはみんな捨てて、軽くなろう……」という『軽くなろう』の詩もあります。

身辺の要《い》らないものを、どんどん「捨てて」身軽になって生きることは、実は精神的にも「軽くなる」ことに通じるものです。

不必要なものは言うまでもなく、もしかしたら必要なことがあるかもしれないというようなものでも、潔《いさぎよ》くどんどん手離していくことをお勧めします。

「捨」とは、欲望を整理していく生き方です。

必要がないものまで持っていなければ落ち着かない。そんな感覚から卒業して、少ないもので充足感を得ることができる、そんな精神性を確立することだともいえるでしょう。

所有欲、物欲から解放されると身心がすっきり軽くなり、大げさでなく、呼吸さえ楽になる実感があります。両手を空にして、思いきり深く息を吐き、そして吸う。それができれば、楽に生きていけるようになっていきます。

07

時計を見なくてもいい暮らし
――「閑」の時間を持つ

「お忙しい日々をお過ごしのことと存じます」とか、「お忙しいところ、すみません」などという言葉が挨拶《あいさつ》の枕詞《まくらことば》になっているのは、日本くらいではないでしょうか。

海外の友人や知人から、のっけから「お忙しいでしょうが……」と話しかけられたことはありません。忙しく生きるか、それともプライベートな時間を確保しながら仕事をするのか――。それは個人の生き方の選択だという視点を持っているからだと思いますが、最初の挨拶でそこまで踏み込んではこないのが普通です。

いや……。私の知り合いから伝わってくる感覚でいえば、「忙しいのは大いに結構。でも、プライベートライフを楽しむ時間を返上してまで仕事をするなんて理解に苦しむ」という空気があります。

私もいまはまだ実現できていないのですが、いずれ仕事に「忙殺《ぼうさつ》」されるような生き方から「足を洗いたい」と願っていて、ひそかにそんな日を夢見ることも実際にあるくらいです。

そもそも「忙しい」という言葉に込められている思い。これも、ひたすら物質的な繁栄を望む気持ちではないでしょうか。「忙しい→繁盛している→儲《もう》かる」。そんな図式が見えるような気がしてなりません。

「多忙＝繁盛」のイメージは、実は考え違いもいいところ。昔から、せかせかと忙《せわ》しげに落ち着きなく動き回るような人は「貧乏性《びんぼうしょう》」と呼ばれていました。つまり、小者《こもの》で、心も、そして懐《ふところ》具合も貧しい印象がつきものなのです。

「好きでこんなに忙しい毎日を送っているわけじゃないさ」という声も聞こえてくるような気がします。実は私自身も、超多忙な毎日に追われていると、時にはそんなふうに愚痴を言いたくなることがないわけではありません。だからこそ、現役を退《しりぞ》いたら閑居《かんきょ》したいという夢を描いているのです。

私がイメージする閑居とは、端的《たんてき》にいえば「時計を見なくてもいい暮らし」です。手帳を見ても、その日にやらなければならないことは特になし。そんな日が週に二、三日は欲しいところ――。

時計がなければ、空の色を見て「ああ、そろそろ夕暮れかな」と時の移ろいを知り、書きものの手をちょっと止めて、ぶらりと散歩に出かけたりするでしょう。時には散歩の足を延ばして、そのまま地元の居酒屋に入り、軽く飲む。帰宅してから興《きょう》がのれば、また書斎にこもって夜が更《ふ》けるのを忘れて読書三昧……。

もうあくせくしなくてもいいような老後になっても、やたらと予定を入れ、自分のスケジュールを埋め尽くさないと不安になる人がいます。

この年齢まで生きてきたのですから、いつまでもそんなことをする必要はありません。**泰然自若《たいぜんじじゃく》と構え、真っ白なカレンダーや手帳をものともせず、閑居の日々を自分の好きに楽しむ。特別な予定がなくても、ゆったり心地よく時間を過ごす。**それでこそ心豊かな日々を送っているといえるのではないか。私は時間との付き合い方をそのように考えています。

第2章

「老いの日」の食生活

――「生命の循環」を見つめ直す

08

一人の食事でも「いただきます」「ご馳走さま」の心を忘れない

食事の前には「いただきます」、食事が終わった後には「ご馳走《ちそう》さま」と言い、また「いただきます」のときには合掌《がっしょう》をし、「ご馳走さま」のときには軽く頭を下げる……。

現在、老いに向かう世代なら、こうした習慣は自然に身についていると思います。しかし、夫婦二人の食卓、あるいは「ひとり老後」だったりすると、つい、食前食後の挨拶も忘れて「さあ、ご飯にしようか……」とつぶやくぐらい。食後も、黙って立ち上がってはいないでしょうか。

一人暮らしなのだから、あるいは少々くたびれてきた伴侶《はんりょ》がいるだけだから、何も改まってそんな挨拶は必要ないだろう、と思うかもしれません。

でも、「いただきます」「ご馳走さま」は単なる挨拶以上の意味を持っているのです。目の前の食べ物に対する深い感謝や思いが込められた言葉だということを、みなさんはご存じでしょうか。

実は世界を見渡しても、食事の前に合掌するという習慣を持つのは日本人だけのようです。英語では、一家の主や客人を招いた人などが「Let's eat.」（さぁ、食べましょう！）と言うぐらい。

一方で日本語の「いただきます」には、ただ単に「食べましょう！」とは本質的に違った意味合いが持たれています。

私たちが口にする食べ物は、肉や魚はもちろん、野菜や果物もみな命ある存在です。その命を「いただいて」自らの生命活動の源《みなもと》にしていく——。それが、動物である人間が生きていくうえでの宿命です。つまり、「いただきます」は、ほかの生命体の命をいただくことに対する心からの感謝の言葉なのです。

キリスト教でもイスラム教でも、食事を与えてくれた神に対する感謝は捧《ささ》げますが、地球上で展開される食物連鎖に対する感謝を含む「いただきます」とは本質的に異なるでしょう。「いただきます」という言葉の根底には、生命の営《いとな》みに対する深い哲学があると私は考えています。

また食後の「ご馳走さま」は、あちこち走り回って今日の食卓を調《ととの》えてくれたことに対する感謝の言葉――。転じて食卓に並んだものを、ありがたくいただいたことへの感謝の言葉ともいえるでしょう。

仏教精神が流れる**日本の食事作法には、はじめから終わりまで「万物に対する感謝の念」がいっぱいに込められています。**

ですから食卓に向かうのが、たとえ一人であっても、食事の前には「いただきます」を、食事が終わった後には「ご馳走さま」と口にすることを、おろそかにしないようにすべきです。

こうした感謝の心があれば、たとえ質素な食卓でも「わびしい」と思うようなことはなくなります。それどころか、一回一回の食事を大切に思う気持ちが強くなっていき、ひいては食べること、生きること、こうして命を長らえていることへの思いも深まっていくでしょう。

09

家族が減ったら、鍋やフライパンのサイズを見直す

食事には「腹八分目」を心がける。これは成長期を除けば、年代を問わず、健康の鉄則ですね。

厚生労働省の「年齢階層別基礎代謝《たいしゃ》基準値と基礎代謝量（平均値）」（二〇〇五年度版）を見ると、五十～六十九歳の基礎代謝量は男性で一三八〇キロカロリー、女性で一一〇〇キロカロリー。七十歳以上になると男性で一二三〇キロカロリー、女性で一〇三〇キロカロリー。ちなみに三十～四十九歳では男性で一五二〇キロカロリー、女性で一一四〇キロカロリーです。

「若い頃のように食べられなくなった」というのは、基礎代謝量の低下にともない、体が自然に働かせる調節機能の結果といえるでしょう。

そのうえ運動量も減ってくるのですから、老いの兆《きざ》しを感じる年代になったら「腹七分目」、さらには「腹六分目」くらいで十分になってても自然ではないでしょうか。それなのに、年齢を重ねても食事量はそう減っていない人が多いのも実情のようです。

その大きな理由の一つは、これまでの習慣から、つい、おかずや味噌汁などを作りすぎてしまうことでしょう。作ってしまったものは「ちょっと多いかな」と思っても、残すのはもったいないし、と全部盛り付けて食卓に出す。目の前にあれば、つい一箸《はし》、もう一箸と余分に食べてしまうことになります。

その結果、高齢者にとっては腹六分目どころか、腹一〇分、腹一二分になってしまったりするのです。

地域の高齢者の家を回って患者さんのお世話をしている訪問看護師の話によると、高齢者のお宅はどこの家でも、たいてい大きなお鍋《なべ》が置いてあるそうです。無理もありません。以前は育ち盛りの子どもが何人もいて、家族が多かったのです。もう一世代上のおじいちゃん、おばあちゃんもいたかもしれません。

家族が多いベテランの主婦ほど、いちいち分量を計ったりせず、長年の経験で身につけた目分量、手分量などで調理するでしょう。鍋が大きいと目分量、手分量も自然と多めになり、その結果、二人や一人にしては作り過ぎになりがちです。

家族が減ったら、少し寂しい気がするかもしれませんが、小さいサイズの鍋やフライパンにきちんと買い替えるほうがいいのは、こうした意味からです。大きな鍋は子どもの家族などが遊びに来るときなどに備えて一、二個残し、あとは潔《いさぎよ》く処分してしまいましょう。

年をとったら、味噌汁などを作るときにも、面倒くさがらずに人数分を計って作るように習慣づけたいものです。「多めに作って温め直して飲めばいい」と思う人もいるかもしれませんが、味噌汁は温め直せば味が落ちます。捨てるのはもったいないからといって何杯もお代わりすると、塩分の摂り過ぎになり、高齢者の健康にはマイナスになるでしょう。

腹七分、腹六分の食事は、多少手間がかかっても、適量を作って、いちばんおいしいタイミングで味わう習慣を心がけることから生まれるのです。

10

ひとり老後なら、野菜は割高でも「一個買い」に

夫婦二人の老後はともかく、「ひとり老後」の生活では、何個か袋入りになっている野菜は持て余すことが多いのではないでしょうか。

病院には一人暮らしの看護師も多いのですが、彼女たちはほとんど例外なく、暮らしの達人です。けれども、シフト勤務なので時間的に不規則。買い置きの野菜などをつい使い残し、無駄に捨てざるをえない場合も多いそうです。ところが、Jさんは「私は野菜を捨てることはめったにないわ」と得意顔です。

彼女の話を聞いて、なるほどと思った点があります。

それは**ネギやダイコン、さらにジャガイモ、タマネギ、ナスやキュウリなどは「常備しておくもの」という発想をやめてしまった**ことでした。

家の近くでスーパーが夜中までやっているという事情もあるでしょうが、彼女はこうした買い置きができる野菜も「必要なときに必要な量だけ買う」と考えているようです。

ジャガイモやタマネギ、キュウリなどは、何個か入っている袋入りのほうが割安の場合が多いものです。でもその差はわずかですし、袋入りを買っても一度に使いきれなければ、冷蔵庫の野菜室に置いてもどんどん鮮度が落ちていきます。

ジャガイモは二、三週間もすると芽が出てくるもの。ご承知のように、この芽にはソラニンという成分が含まれ、神経に作用する毒性があります。芽をすっかりえぐり取ってしまえば問題ありませんが、一度に使いきる量を買うようにすれば、そんな心配も手間もいらなくなるわけです。

少人数の家庭が増えているからでしょう。大きなスーパーならたいてい、こうした野菜を袋入りではなく、一個から売るコーナーがあります。最近増えてきた一〇〇円コンビニで売っている野菜も、少量パックで一人暮らしにはほどよい分量ではないでしょうか。

ショウガやダイコンなどは、使いきれないなと思ったら、最初にすりおろしてしまい、一回に使う量ずつ小分けにしてラップで包み、ポリ袋などに入れて冷凍しておけばいいそうです。

うどんやそば、湯豆腐など薬味《やくみ》が欲しいときに取り出せば、すぐに使えて「とっても便利です」と、これは彼女の受け売りです。

たまに無性に欲しくなるトロロも買ってすぐにおろし、一回分ずつポリ袋に入れて冷凍しておくと、いつでも食べたいときに食べられるとか。

なるほど、こんなふうに知恵を働かせれば、少人数の暮らしでも、野菜を捨てることは大きく減らせそうですね。

11

年金暮らしで外食の「費用対効果」を高めるには？

年齢とともに、食事の支度《したく》が面倒に感じることも増えてくるでしょう。そんなときは「外に食べに行こうか」となりますが、外食は基本的にかなりのコストになりがちです。

孫を連れて三、四人で近くのファミリーレストランで食事をすれば、五〇〇〇円札か一万円札を出し、少しばかりのお釣りをもらうという感じでしょう。

知り合いのDさんは「正月は京都の料亭で、白味噌仕立てのお雑煮《ぞうに》を食べるのが楽しみ」とか、「この間、東京のウナギ料理の老舗《しにせ》に行ったらけっこう空いていたのでびっくり。最近はウナギが品薄でずいぶん値上がりしてたんですね。でも、お味はさすがでした」などと一流のお店によく出かけています。

どんなお金持ちの人かと思うかもしれませんが、実はDさんはフリーの編集者です。もらえる年金は国民年金プラスアルファ。厚生年金の半分にも届かないと話していますから、リッチな暮らしができる収入があるとは考えにくいでしょう。

「私は外食するときは、大満足を得たい場合と、とりあえずお腹がいっぱいになればいい場合の二つに分けているんです。立ち食いそば屋もよく利用しますし、ファストフードもよく食べますよ」と言います。その代わり、年に二、三回は、少しくらい高くても満足できる外食を楽しんでいるそうです。

といっても京都の料亭はホテル内の出店や、大きなビル内の出店にしか行ったことはないそうで、ここならば本店よりはるかに割安。ランチならば一万円でお釣りがくる値段で、有名店の味を楽しめると笑っています。

限られた収入で外食を楽しむには、回数を減らしてでも満足度の高い店を選ぶ。その間の外食は、安くて味もまあまあのファストフードですませる……。Dさんの外食スタイルの「費用対効果」は相当高く、賢明な方法だと感心しています。

12 食が細くなったからこそ「旬のもの」「土地のもの」を食べよう

八百屋や魚屋の店頭を見ていると、季節を感じることがよくあります。たとえばタケノコ。土のついた掘りたてのタケノコは、春たけなわの頃にだけ楽しめる味。カツオやサンマが店頭に並ぶと、いかにも旬《しゅん》到来とワクワクします。

食べ物は、できるだけ旬のものを選んで食べたいもの——。年をとってからはなおさらです。なぜなら野菜であれば、旬のものと季節はずれのものとでは、同じ量を食べたとしても栄養価が大きく違うのです。ホウレンソウを例にとると、旬のものとそうでないものでは、栄養価に倍以上の差があるそうです。

また、夏場が旬の野菜は、あっさりした食感や体を冷やす作用のあるものが多く、反対に冬の野菜は体を温める効果がある根菜《こんさい》類が多くなるなど、旬の食材は季節の変化にともない、その季節に体が欲する効果を持っています。だからこそ体も心も満たされ、おいしいと感じるのでしょう。

これに加えて、それぞれの土地で採れた食材を食べることも大切にしたいと思います。「身土不二《しんどふじ》」という言葉を知っているでしょうか。風土と人間の身体は、分かちがたく結びついているという考え方です。

もとは「身土不二《しんどふに》」という仏教用語ですが、その土地の自然に適応した旬の食べ物を食べることで健康で長く生きられるというわけです。この言葉とともに、**その土地、その季節の食材や土地に伝えられる「伝統食」は体によい**、という考え方が広まっていったといわれています。

私はドライブに行ったときなど、よく「道の駅」をのぞいて、まだ濡《ぬ》れた土がついているような採れたての地元野菜を買ってきます。プーンと青臭さを放つ野菜は味がよいのはもちろん、エネルギッシュでいかにも元気をもらえそうです。

同じ買うなら、できるだけ旬の、採れたての食材にしてください。食が細くなって量が食べられないわけですし、栄養価まで考えるとずっとトクなはずです。

13

大根の葉、根三つ葉……
窓際のミニ栽培でいつも新鮮な青みを

数年前にリタイアした看護師さんのところに、元同僚と遊びに行ったときのことです。

現役時代、仕事に追われて、あまり料理をする時間がなく腕に自信がないからと出前の寿司を取ってくれたのですが、熱々の味噌汁はお手製。味噌汁は何といってもできたてに限ります。香《こう》ばしい味噌の香りが心地よく鼻をくすぐる……。オーバーでなく、日本人に生まれてよかったと思ってしまいます。

手作り味噌汁には、もう一つ感激がありました。見るからに青々とした緑の葉を切ったものが浮かんでいたのです。

「きれいだね。いま、摘《つ》んできたばかりみたいだ」

こう言うと、彼女はうれしそうな顔でキッチンに目をやりました。

「そう、たったいま、そこで摘んだのよ」

実は、緑の葉の正体は大根の葉なのです。

彼女はいつも大根を買うと、首の部分を一センチの厚みほどに切って皿などに伏せておき、いつも大根が一〜二ミリ水に浸《つ》かっている程度に水を入れておくのだそうです。こうすると、数日で青々とした新芽が吹き出してくるとか。それをちょっと摘んで、味噌汁の青みなどに使っているそうです。

青みは、ほんの少量あれば十分。いちいち買ってくるほどの量は必要ないのですね。何気なく捨ててしまうような大根から、こんな楽しみが芽生えるなんて、うれしいではありませんか。根《ね》三つ葉などを買ったときにも、同じようにできるといいます。

小さいけれど、とても新鮮な感動でした。さらに彼女は教えてくれます。

「これは食べるわけではないんだけれど、サトイモやサツマイモの端《はし》っこを同じように小皿にのせて、水を少量入れておくと、すぐにきれいな芽が伸びてきて、かわいい葉をつけるのよ。これはキッチンのミニグリーンに最適なの」

キッチンの窓辺に、小さなグリーンが置かれている。それだけでキッチンに立つ気分はずいぶん違ってくると、彼女は顔をほころばせます。

ものの命を再生し、それをさらに暮らしの彩《いろどり》や小さな喜びへと変えていく――。こうした知恵や工夫こそ、本来、年齢を重ねた者がのちの世代に伝えていくべきものかもしれません。

ついでにもう一つ、大根の葉やフキの葉の料理法を聞いてきたので伝授しましょう。よくスーパーの店頭などで、切られた葉っぱが置かれていますが、大根の葉は貴重なビタミン源です。

さっと洗ってザクザクと切り、油少々で軽く炒めて、しょうゆ、酒を加えて味をからませる……。ここにゴマなど振れば、立派な箸休めの一品ができあがり。フキの葉は特有のえぐみがあってお酒がよく進み、酒好きな人にはお勧めです。

14

自宅でベジタブルヤードの代わりにハーブを栽培

山梨出身の私が東京に来ていちばんがっかりしたのは、野菜から青臭さを感じないことでした。本来、野菜はちぎったりしていると、ちょっと手が臭くなるくらいの「青い臭い」を放つものです。

海外で暮らしていたとき、いちばん羨《うらや》ましかったのは中心街を少しはずれると広い庭付きの家が普通で、その庭の一角にはベジタブルヤード（菜園コーナー）が作られていることでした。

家族が食べる野菜は、ちょっとしたものなら自宅で作るのがいちばんと考えているのですね。自宅で作れば何より新鮮で、トマトなら完熟のものなどが最高の状態で食べられます。無添加無農薬なので安心安全、そのうえ家計の節約にもなるので、三倍お得な暮らし方でしょう。
「わが家で食べる野菜は自宅で作る」というライフスタイルは、日本でも少し前まで当たり前のものでした。裏庭には葉ものやナス、キュウリなどが植えられ、毎朝、食べ頃になったものを味噌汁に浮かべたり、ザクザク切って塩でもんで浅漬けにしたり……。

しかし、都会のマンション暮らしでは、そんなことはできません。ハーブをプランターで育てるだけで我慢しているという人も多いようです。

それでも**疲れたとき、特に心が疲れたときに温かなハーブティーの効果は絶大です。**温かな飲み物は心をほっこりさせてくれますし、風邪気味でもハーブティーを飲んで寝ると、翌日はすっかり風邪が吹き飛んでいることもよくあります。

ハーブはスーパーなどで手に入りますが、案外高価です。少量しか使わないので一度では使いきれず、次に使おうとすると乾いてしまったり、しおれて無駄になってしまったという場合が少なくありません。

知人の家では、プランター二つをハーブ専用に使っています。ここにミント、ラベンダー、ローズマリー、レモングラスなどを植えてあるのです。他にもイタリアンパセリ、シソを一株ずつ植えてあります。

ハーブなどは春先に苗を植えるだけ。ときどき液肥《えきひ》を与えたり、虫がついたら退治してやるくらいです。それだけで春から夏、さらには初秋まで、思いついたときにいつでも新鮮な葉をつまみ取り、使うことができるそうです。

仕事に疲れたときなどは、ミントの葉を数枚ちぎって、ティーカップに入れて熱い湯を注ぐ——。その瞬間、立ち上る香りの清々《すがすが》しいこと。新鮮なハーブならではの楽しみです。

さらに、はちみつを少量入れるとほのかに甘く、小腹《こばら》を満たす効果もあるので間食に手を伸ばすことがなくなり、ダイエット効果も期待できます。スーパーなどで買ってくるよりずっと経済的なことは、言うまでもありませんね。

節約生活は、何より「みじめな雰囲気」にならないようにすることが大切ですが、プランターでハーブを育てることは、節約よりもむしろナチュラル、ヘルシー感のほうが高く、命を育《はぐく》む喜びも堪能《たんのう》でき、それだけで心豊かになります。

第3章

自分の体との「ほどよい」付き合い方

――頑張るところ、養生するところ

15

定年後こそ健康診断にお金を使う
――ほったらかしこそ高くつく

サラリーマンや公務員など、現役で仕事をしている間は会社や役所で定期的に健康診断を受けているのが普通です。扶養家族である奥さんも、会社の指定する病院などで健康診断を受けているケースも多いはずです。

定年は、こうした企業主体の福利厚生制度からはずれていくことでもあるわけです。ところが一般的には加齢が進み、しだいに健康状態がほころび始めるのはむしろ定年後なのですから、ちょっと皮肉な話ですね。

私は、そろそろ「老いの兆《きざ》し」を感じるようになったら一度、精密な健康診断を受けることを勧めています。銀婚式《ぎんこんしき》（結婚二十五周年）を迎えた、還暦《かんれき》になった、定年退職した……というような人生の節目に人間ドックに入り、全身の点検をしてみてはいかがでしょうか。

ただし、人間ドックでは健康保険が使えないので、それなりの費用がかかります。検査項目や病院にもよるので一概にはいえませんが、半日ドックで数万円から、一泊二日のドックなら十数万円からというあたりが目安でしょうか。

もしできれば、脳ドックやPET（ポジトロン断層法）によるがん検診など、より精度を高めた専門的なチェックを受けておけばいっそう安心です。

この安心は「どこかおかしいのではないか」と病気や体調の不安におびえず、毎日、平穏な気持ちで暮らしていくための基盤やよりどころとなります。決して安くはありませんが、人間ドックの費用は結果的にリーズナブルな出費といえるのではないかと私は考えています。

もしどこかに異状が見つかったら、むしろ幸運だと考えましょう。気づかずに暮らしていけば、より悪化してから病院に駆け込むことになり、治療には多くの時間やコスト、苦痛や心配がかかることになってしまいます。貴重な老後の時間を「病院との付き合い」で潰《つぶ》すほど、もったいないことはありません。

16

年齢とともに「自分の体に対するセンサー」を磨こう

高齢者が、「自分の健康は自分で守る」という意識を持てば、医療費を大きく「節約」できると思います。

何より健康を損《そこ》なえば、これから「人生の午後」を楽しもうと思っていたせっかくの老後計画も幻のものとなり、これ以上のソンはありません。

年齢とともに体に多少のガタが来るのは、いわば自然現象です。そうした自覚のうえで、「長年使ってきた体をさらに大事に使っていこう」と考えるようにしましょう。

「セルフ・メディケーション」という言葉をご存じでしょうか。これは先ほどの「自分の健康は自分で守る」ことを意味し、具体的には、日頃から自分で体調管理に気をつける生活習慣を持つことなどをいいます。

体調管理の第一歩は、毎日自分の体を見つめる習慣をつけ、小さな体調変化の兆しを見逃さないことに尽きます。当たり前のことと思うかもしれませんが、これがなかなかできないものなのです。

いちばんのお勧めは毎日、体重や血圧を測ること。体重測定からお話しすれば、コツは毎日、決まったタイミングを守ることです。朝、起床《きしょう》して排便をすませた後か、夕食直後か就寝前に体重計に乗り、結果をグラフ用紙のノートなどに書き込みます。これなら体重変化が一目瞭然《いちもくりょうぜん》となるからです。

「測るだけダイエット」という方法があるくらいで、このグラフの動きを見るだけで自然に食事を意識してコントロールするようになり、望ましい体重を保てるようになります。

血圧が気になる人は、できるだけ一日に二度、朝と夜に測定しましょう。血圧は一日の間で大きく変動しているので、一日一回の測定では正確を期せないことがあるからです。

朝は起床後一時間以内。トイレをすませ、朝食を摂る前です。薬などを飲んでいる人はその前に測ります。夜は寝る直前です。ただし、寝る直前にお風呂に入っていたり、お酒を飲んでいた場合は、普段より数値が高くなるのでパスします。

血圧もグラフにすると、上がったり下がったりが一目で分かり、変化に気づきやすくなります。毎日、継続することで見えてくるものがあるわけです。

軽い頭痛があるとか、どうも食欲がないなど、体調に気になる点がある場合もノートに書いておきます。

こうして体に意識を向ける習慣が身につくと、同じ疲れでも、「今日の疲れ方はちょっと違う」と感じるなど、体が発信する微妙な変化のサインに気づくようになっていくはずです。「自分の体に対するセンサー」が磨かれていくのですね。

このように、加齢にともなってセンサーをよりシャープにしていくことで、警戒サインをいち早く感知でき、大きな病気を早期発見したり、発作を起こす前に気づくことができ、大きな破綻《はたん》に至らないですむことが多いのです。

17

「若さ」にこだわらない、「もう年だから」と開き直らない

実年齢を聞くと、お世辞でなくびっくり！　そんな高齢者が急増しています。見た目の若さは心の若さにも通じますし、若く見える人はほぼ例外なく、ライフスタイルも若々しく、「第二の人生」をエンジョイしています。

ただ、たまにですが、若さを保ちたいという思いに囚《とら》われすぎているのではないかと思える人もいます。アンチエイジング効果を謳《うた》ったサプリメントがよく売れている背景には、そんな心理が透《す》けて見えるような気がするくらいです。

なかには「若者顔負け」のヤングファッションを着こなし、悦《えつ》に入っている姿を見かけることもありますが、正直にいえば、「若く見える」のと「若い」のとでは本質的にまったく違うものです。

高齢者は下手に若づくりをするよりも、酸《す》いも甘いもかみ分けた、人生の熟達者らしい着こなしをするほうが、ずっと似合うのではないでしょうか。

せっかくそうした年齢に達したのに、若い人と競争するのは、もったいないではありませんか。

江戸時代の随筆家《ずいひつか》・神沢杜口《かんざわとこう》は『翁草《おきなぐさ》』という長い書物の中で、老い方の知恵として、「がる」と「くささ」を戒《いまし》めるように、と書いています。

「がる」は「若いと言われたがる」こと。

「くささ」は「老人くさい」「隠居《いんきょ》くさい」などです。

杜口は若さにこだわりすぎることも、「もう年だから」と開き直り老醜《ろうしゅう》に身を任せることも、そのどちらの生き方にも陥《おちい》ってはいけないと教えているのです。

アンチエイジングのサプリメントを飲んだり、しわ・たるみを取るためのヒアルロン酸注射をしても、若さにストップをかけられるのはほんの一時で、やがて老いは隠しようもなく進んでいくのが現実でしょう。

老いは自然現象――。だからといって、衰《おとろ》えるままに任せておけばいいとは言いませんが、バランスを考えてほどよく食べ、適度に運動して、無理のない範囲で若さを保つ努力をしていればそれで十分、と考えればいいのではないでしょうか。

高齢者によりふさわしいのは、若さに固執する姿ではなく、年齢を重ねてきたからこそ発揮できる、人生の知恵や思慮《しりょ》を持った生きる姿だと思います。

18

低体温は体調不良のもと
——「年寄りの冷や水」に気をつける

東洋医学では伝統的に体の冷えはさまざまな不調の誘因と考えられています。そこで、冷えの予防や「体を温めて不調を治す」ことに力を注いできたのです。

近年は西洋医学でも、体温と体の諸機能の関係に着目するようになり、カリフォルニア大学のダニエル・セスラー医師が「平均体温が一度下がると、免疫力は四〇パーセント近くダウンする。反対に一度上がると、免疫力は六〇パーセント近く増す」と発表しています。

こうした研究の結果、体温が下がると、生命活動を維持するために体内で働く酵素《こうそ》の活動が鈍くなることが分かってきており、自律神経の働きも鈍《にぶ》くなるため、免疫力が低下すると考えられています。

ところが、風邪をひくとすぐに熱を測るように、日頃、熱が上がることは気にしますが、「体が冷える」「低体温」にはあまり関心を持ちません。

一方で皮肉なことに、この半世紀の間に日本人の平均体温が約一度も下がったことが大きな話題になっています。

オフィスや商業ビルの中はガンガン冷房が効いていますし、駅では自販機、街ではコンビニなど、飲みたいときにいつでも冷えたジュースやビールが飲める環境が整っている日本の暮らし。平均体温が下がるのも当然かもしれません。

全般に筋肉運動が減ってきたことも、体温低下の原因の一つでしょう。体温の四〇パーセントは、筋肉運動で生み出されているからです。

ここに加齢が重なると、いっそう体は冷えやすくなります。加齢とともに熱生産と体温調節機能が衰え、若いときのような体温を維持しにくくなるのです。

「年寄りの冷や水」とは高齢者が無理することを戒める言葉ですが、文字どおり若いとはいえない年齢になったら、冷たいものの飲み過ぎや食べ過ぎ、あるいは冬なのにシャワーだけですますことは控えるようにしましょう。

19

「体を温める」には入浴がいちばん——温泉、湯の花、塩湯、酒湯

体を温めるには、言うまでもなく、入浴がいちばんお勧めです。ただし、温めるなら単純に「熱い湯」のほうがいいだろうと思うのは間違いです。

熱い湯に入ると体がすぐにほてり、いかにも体が温まったように感じますが、こうした熱い湯で温まるのは体の表面だけ——。**体の芯《しん》まで温めるには、「ぬるめの湯」にじっくり浸《つ》かるのがもっともいいのです。**

また、温泉は体がホカホカに温まるだけでなく、精神的な凝《こ》りまで癒《いや》してくれる効果を実感できます。治療効果のある温泉を「療養泉《りょうようせん》」と呼びますが、次ページの表を参考に自分の体の症状に合った温泉を選ぶといいでしょう。

温泉の種類と効能

一酸化炭素泉（炭酸泉）	高血圧、動脈硬化、運動麻痺《まひ》、打撲、切り傷、冷え症など
炭酸水素塩泉《えんせん》（重層泉、重炭酸水素塩泉）	痛風《つうふう》、糖尿病、肝臓病、胆石《たんせき》、慢性消化器病など
塩化物泉（食塩泉）	筋・関節痛、打撲、ねんざ、冷え症、慢性婦人病、病後の回復など
硫酸《りゅうさん》塩泉（石膏《せっこう》泉、芒硝《ぼうしょう》泉、正苦味《しょうくみ》泉）	高血圧、動脈硬化、糖尿病、慢性皮膚病、打撲、ねんざ、筋・関節痛
鉄泉《てつせん》（含鉄《がんてつ》・銅泉）	貧血、慢性消化器病、痔《じ》
硫黄《いおう》泉（硫化《りゅうか》水素泉）	高血圧、動脈硬化、慢性皮膚病、慢性婦人病、筋・関節痛、痔
酸性湯（明礬《みょうばん》湯）	慢性皮膚病、慢性婦人病、筋・関節痛、糖尿病
放射線湯	高血圧、動脈硬化、慢性皮膚病、慢性婦人病
単純温泉	手術後の回復、骨折、外傷などの療養

温泉はいいけれど、予算的にしょっちゅう泊まりがけでは行けないというなら、日帰り温泉に行くのもいいでしょう。

温泉に行って泉質《せんしつ》が気に入ったら、その温泉の素《もと》（湯《ゆ》の花）を買ってきて、自宅の風呂で楽しむこともできます。また、「一粒《つぶ》で二度おいしい」ならぬ、「一度の温泉で二度楽しい」戦術です。また、ドラッグストアなどで売っている「温泉の素」を使用しても、毎晩、全国の名湯めぐりを気軽に味わえるでしょう。

もっと簡単に、普通のお風呂を薬湯《やくとう》（薬効のある湯）に変える方法もあります。そのひとつは塩湯《しおゆ》。昔、海岸地方で海水を沸かして入っていたことに由来するもので、各種ミネラルの効果で体がじっくり温まります。普通サイズのバスタブなら、自然塩をひとつかみ入れてかき混ぜるだけ。市販のバスソルトもあります。

また、日本酒を入れる酒風呂《さけぶろ》も血行を促進し、疲れを芯から取る効果があるとされます。やり方は、普通サイズの湯船に四合《ごう》程度の酒を加えますが、酒は上等なものでなくて十分。料理用の酒などを利用して試してみてもいいでしょう。

20

年を取ったら、少しの時間に「上手に休む術」を身につけよう

朝は早く起きる（起きてしまう）のだけれど、夜は晩酌《ばんしゃく》を楽しんだり、テレビを見たりでつい遅くなり、睡眠不足気味だという人もいるでしょう。

疲れや睡眠不足は、とにかく溜《た》め込まないこと。健康維持のためにはその心がけが何より大切です。特に年齢を重ねてくると、睡眠不足、疲労の蓄積は、大きな病気の引き金になる場合も少なくありません。

ちょっと休みたい。少しだけ寝たい……。そう感じたら、遠慮しないですぐに休み、疲れや寝不足を早めに解消することをお勧めします。

アメリカの心理学者サラ・メドックは、さまざまな実験の結果、三十〜九十分程度の昼寝をすると注意力、判断力、運動能力が高まり、五感が冴《さ》え、ストレス

も軽くなり、記憶力が増すと報告しています。

疲れも同じです。年を取れば、誰でも疲れやすくなってきます。

それなのに「若い頃はこのくらい何でもなかったのに、情けない」と思うから、ますます情けなくなり、気分まで滅入《めい》ってしまうのではないでしょうか。

「老いぼれだと思われたくない」と歯を食いしばって頑張ってみたところで、後でどっと疲れが押し寄せ、状況が悪化するだけ。まだまだ頑張ろうという気力は素晴らしいと思いますが、もっと頑張りたいなら、なおのこと、ちょっとの時間に「上手に休む術《すべ》」を身につけるほうが賢明です。

一緒にいる若い人から「ひと休みしませんか」と口に出すのは、いかにも高齢者に気を遣《つか》っているようで、実はとても言いにくいものだと聞きます。妙な意地を張らずに「この辺でひと休みしないか」と声をかけるのは、年長の者からすべき心遣いだと考えましょう。

21

増える高齢者のうつ病——早く寝て忘れてしまうのがいちばん

二十一世紀の現在、昔と比べて長くなった老後を目いっぱい楽しんでいる人が増える一方で、長い老後をもてあまし、自分の気持ちを追い込んでしまい、ついには「うつ病」になってしまう人も増えています。

人生はいいこと、うれしいことが半分、つらいこと、苦しいことが半分で成り立っている——私はそう考えています。ところが、うつ病になりやすい人は見るもの聞くものが暗く見え、気分がひどく落ち込んでしまうのです。

何事にも興味が持てなくなり、何をするのも億劫《おっくう》で面倒くさく、一日中ぼんやりと過ごすことが増えてくる人もいます。

そのため、高齢者のうつ病は「認知症」と間違われやすく、「もの忘れ外来」

などを訪れる人の五人に一人は、認知症ではなくうつ病だともいわれます。

うつ病の原因は複雑です。悲しいことや悩みごとがあるから、うつ病になるというほど単純なものではありませんが、近親者の死や深刻な悩みなどが引き金になることは稀《まれ》ではないようです。

「うつ病になるのではないか」と不安を訴える患者さんに私は、「精神的につらいなと思うことがあったら、すぐにその日を終わりにしてしまうといいですよ」とお話ししています。

その日を終わりにしてしまう。手っとり早く言えば、早々に寝てしまうことです。パソコンでいう「強制終了」ですね。**うつうつと心が晴れない日でも、さっさと寝てしまい翌日になれば、昨日の悩みなど忘れてしまうことも多いはずです。**

年を取ると忘れっぽくなる――。これは一つの恵《めぐ》みではないでしょうか。

悩むと頭にそれがこびりつき、眠ろうとしても目が冴《さ》えてしまうという人は、軽くお酒などを飲むといいでしょう。古来、酒は「百薬《ひゃくやく》の長《ちょう》」ともいわれ、適量であれば、気持ちをゆったりさせ、元気をかき立ててくれる効果もあるのです。

第4章

老後、気になる
お金のこと

――「経済的な不安」をどう乗り越えるか？

22

一泊旅行で「老後の生活会議」の話し合いをまとめた夫婦

仕事を辞め、年金暮らしになるのは人生における一大転機です。

聖書に「人はパンのみにて生きるにあらず」という言葉がありますが、逆に考えると、ともかく「パン代だけは確保しなければいけない」のです。このパンは、生活していくうえで、どうしても必要なお金という意味です。

それを支える収入が半分近くに減ってしまうわけですから、「何とかなるだろう」と漫然と年金暮らしに入っていくのは、やはり無謀といわれても仕方がないでしょう。

夫婦二人の老後でも「ひとり老後」でも、年金暮らしを始める前に、お互いに向き合い、あるいは自分自身としっかり向き合って、今後の生活について忌憚《きたん》のない話し合いをする――。一人の場合なら、改めて自覚を持つべきでしょう。

最近は年金の支給開始前でも、自分がいくらくらい年金を受け取ることができるか教えてくれますから、社会保険庁などに問い合わせ、正確な数字を把握することをお勧めします。

同時に、預金や投資信託、株券、保険などの蓄《たくわ》えやローン残債、ほかに借入金がある場合はそれらも書き出し、わが家（そして自分自身）の財政状態の全容を再認識することも必要です。

Mさん夫婦は、わざわざ一泊旅行に出かけ、旅先で「老後の生活会議」をしたそうです。家でやるとかえって集中しにくく、あげくの果てに「結局、一生、やりくり算段して暮らさなければならないのね！」などという深刻な言葉が飛び出すことになりかねないでしょう。

これまでも、定年後のお金の話をすると思わぬ口論になってしまい、不愉快になるだけで、何も進んでいかないという経緯があったそうです。

その「老後の生活会議」の結果、年金から食費、光熱費など基本的な生活費を差し引いた残りを、夫婦で二分の一ずつ分けることにしました。そのお金については、どう使おうとお互いに口を出さない取り決めです。

退職金は、住宅ローンの残りを一括返済し、さらにこれまで目をつぶっていた家の修理やリフォームなどで半分以上消えてしまったそうですが、少なくともあと十数年は大きな修繕《しゅうぜん》をせずとも、住み続けられるようになったのでひと安心。

残りは、不意の病気や介護が必要になったときの備えや、子どもの結婚費用の一部負担などのためにきっちり蓄えておこうと話し合いがまとまったと、安堵《あんど》の表情を浮かべていました。

それとは別に、奥さんが長年積み立ててきた郵便局の貯金が多少あったので、これは夫婦で旅行などの資金にすることにしたそうです。

このように「老後経済」の枠組みが明らかになると、ある種の自覚というか、覚悟が決まり、漠然《ばくぜん》とした不安はなくなるはずです。

また、枠組みを捉《とら》えるときに、「これしか使えないんだ」ではなく、「これだけ使えるんだ」とプラスに考えるようにすることも大事でしょう。

「自分のポケットの中の小銭は、他人のポケットの中の大金に勝《まさ》る」

『ドン・キホーテ』で有名な文豪《ぶんごう》セルバンテスは、こう語っています。まさしく名言ではありませんか。**自分のポケットの中のお金を、どう生かしてこれからの人生を楽しんでいくのか。まさに豊富な人生経験の生かし時です。**人生は、まだまだ先に続くのです。

ふたを開けるのが怖いからと、お金に目をつむって漠然とした不安を抱えるのではなく、まず老後の財布を再点検し、そのなかで目いっぱい楽しんで暮らしていくことを考えるようにしましょう。

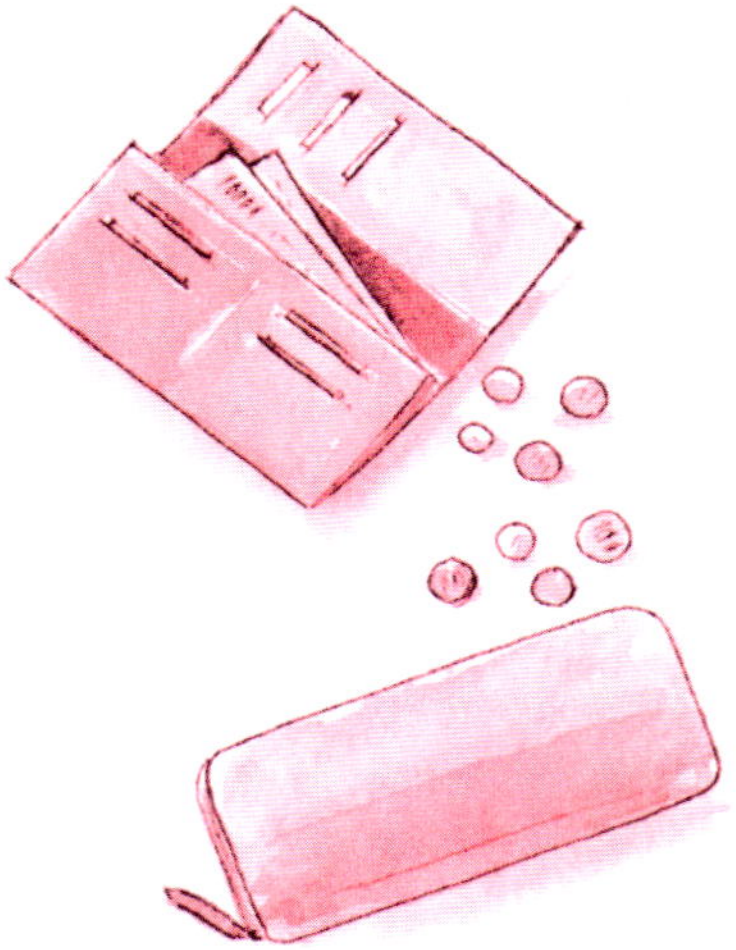

23

「夢のような老後」を語るマスコミの数字に踊らされない

週刊誌やテレビで、老後には「ウン千万円が必要だ」などと報道しています。こうした数字を見た奥さんが、「うちにはそんなお金はないわ。これからどうしたらいいんでしょう?」と不安を口にするようになったことから、前述のMさん夫婦は「老後の生活会議」を開こうという流れになったそうです。

奥さんが聞いた老後資金は、年金のほかに最低でも二〇〇〇万円、ゆとりのある老後を送りたいのならさらに四〇〇〇万円、合わせて六〇〇〇万円ほどの蓄えが必要だというもの。ある保険会社が主催した「定年セミナー」で配られたパンフレットにあった数字だそうです。

悠々自適《ゆうゆうじてき》の「夢のような老後」を追い求めれば、こうした金額になるのかもしれませんが、私たちが生きていくのは夢ではなく現実です。まず見つめるべきは夢ではなく、現実だということを自分にしっかり言い聞かせましょう。

実際問題として、老後にこれだけのお金を用意できるのは、ごく一部の恵まれた人々だけです。試しに、あなたの周りの人たちを見回してみてください。世の中のほとんどの人は「ポケットの中の小銭」で暮らしているのが実状だと、認識することも大事でしょう。

Mさんもそんな大金とは縁遠いそうですが、夫婦でしっかり話し合ったという事実の満足感のほうが大きく、「うちはうち。あるお金で、何とかやっていきましょう」と奥さんの表情は見違えるほど明るくなったそうです。

いまは情報時代なので、マスコミやネットなどから多くの情報を得ることをやめなさいとは言いませんが、それに煽《あお》られたり踊らされて、むやみに不安を増大するのでは意味がありません。

一般情報はあくまでも参考にとどめ、「うちはうち」「私は私」でやっていく――。これは人生の基本姿勢であり、「老後の経済」も例外ではありません。

24

禅寺の参禅で「日常の欲望」がそぎ落とされたMさん

定年を前に、今後の収入に合わせた「生活のダウンサイジング」ができるかどうか、不安にかられている人は、一度、寺の宿坊《しゅくぼう》に泊まってみるのはいかがでしょうか。

このアイディアは、時々私のもとにいらっしゃるフリーライターのMさんの経験をベースにしています。フリーライターというと「筆一本」で生きている職業です。カッコいいという印象がありますが、それは仕事が潤沢《じゅんたく》にあっての話。いつでも仕事が確約されているわけではないし、手厚い年金が用意されているわけでもない。言うならば、「先の保障のない」生き方でもあるのです。

特に差が大きいのが年金です。Mさんの国民年金の給付額は現在、月額六万五

○○○円ほど。
定期的、安定的に手にするお金がこれだけだと分かったときには、さすがのMさんも愕然《がくぜん》としたそうです。

フリーという仕事の形態から、これまでも時々「経済的な不安」にかられることはあったそうですが、「老後」という要素が加わった不安は、これまでとはケタ違いでした。

若いときには「だからこそ、頑張ろう！」と自らを叱咤激励《しったげきれい》し奮起することで不安を乗り越えてきたそうですが、いよいよ老後に向かう年代になると、奮起するのではなく、「根本的に考え方、感じ方を変えなければダメだ」と感じたようです。するとなぜか突然、禅寺《ぜんでら》にこもってみようという考えが浮かんできたのだそうです。以前、仕事で禅の精神に関する資料を読み、一度は参禅してみたいという気持ちがどこかにあったのでしょう。

行く先は道元《どうげん》が創建した永平寺《えいへいじ》に決めました。さっそく「三泊四日」の参禅を申し込むと、福井県の深山《しんざん》にある緑に覆《おお》われた古刹《こさつ》へと向かいます。

朝の起床は三時半。四時から座禅。それから朝の勤行《ごんぎょう》。入浴。それが終わってようやく朝食。朝食は粥《かゆ》と漬け物だけ。昼食は一汁一菜《いちじゅういっさい》。ご飯に味噌汁。一菜は大切りのサトイモ、大根、タケノコなどと揚《あ》げの煮もの。これが終わると、庭掃除、トイレ掃除、宿坊の拭き掃除などの作務《さむ》をひたすら行ないます。

夕食は雑炊《ぞうすい》と青菜《あおな》の煮ものが一椀と漬け物。本来、この雑炊は一日の残りものを刻んで鍋に入れ、ご飯を加えてサッと煮たものだったそうです。「残りものまできれいに食べ尽くす」という精神が込められていたわけですね。

こんな食事でお腹が満たされるのだろうか。特に大食漢だというわけではないものの、最初はかなり不安だったとMさんは言います。むろん小腹を満たすものを売っている店などありません。でもこの食事をゆっくりと、ひと口ひと口味わいながら食べていたら、不思議なくらい空腹感はなかったそうです。

参禅はあくまでも「研修」と位置づけられており、普通の観光とはまったく異なる体験に心が洗われ、Mさんは深く感じるものがあったと話しています。

深山という特別な環境もあったのでしょうが、欲望がどんどんそぎ落とされていきました。**人が生きていくにはそれほどたくさんのモノは必要ないのだ**と身に沁《し》みて感じ、同時に、将来への不安が徐々に薄らいでいったのだそうです。

もちろん山から下りれば、あれこれ欲望を誘う日常が待っています。いまでもそうした欲望を抑えきれないことはよくあるそうですが、心の奥底には永平寺で感じた、欲望をそぎ落とした清々《すがすが》しい感覚が残っていて、つつましく暮らす自信が備わったみたい、と静かな笑みを浮かべています。

「老後の入り口」に立ったときに、こうした生活を体験することは、現役時代とは異なる質素な暮らし方、考え方を身につけるうえで確実な道だといえるかもしれません。

永平寺だけでなく、大きな禅宗の寺ではたいていたい一般の参籠《さんろう》・参禅を受け入れています。また禅宗に限らず、高野山《こうやさん》や比叡山《ひえいざん》などの寺の宿坊などに泊まってみることもいい体験になるはずです。

25

お金持ちより時間持ち
——計画して定年前に会社を退いたYさん

仕事で「生涯現役」を目指す生き方もあるでしょうが、一方では、好きなことをする時間が欲しいと仕事を早めに退《しりぞ》いてしまう生き方もあっていいはずです。

Yさんも、お金持ちより「時間持ち」という生き方を選んだ一人です。

Yさんとの付き合いは、もう二十年以上になるでしょうか。中堅の医療機器メーカーを定年前に辞めて、その後はフリーの医療コンサルタントをしています。

「下の子が大学を出て社会人になったので、そろそろいいかなと思ったんだ」と話していますが、メーカーを早めに辞めた本音は、**好きなことを好きなようにできる体力が残っている間に、自由に時間を使える立場を確保したい**という気持ちが強かったのだそうです。

会社を辞めて最初に試みたのは、アメリカでのホームステイ生活でした。若い日からの夢をようやく実現させたわけです。

目的地に選んだのはケンタッキー州。理由は特になく「バーボンが好きだったから」と笑っていますが、ここでアメリカ人家庭に滞在しながら語学学校に通い、残りの時間や週末はレンタカーであちこち旅行三昧《ざんまい》だったとか。

アメリカの古きよき時代の面影《おもかげ》が残っていて、ニューヨークやロサンゼルスとは一味違ったアメリカを体験できたそうです。

それ以来、Yさんはほとんど毎年のように、半月〜一ヵ月くらいの海外ホームステイに出かけています。

昨年は北欧へ。一昨年はニュージーランドへ。一回あたりの費用は四〇万円前後。パッケージツアーに比べると割安です。しかもホストファミリーとその後も長く親しい関係になれるなどのメリットも、大きな旅の楽しみだと、大変気に入っている様子です。

「言葉の壁が……」と悩む必要はありません。カタコト英語で十分です。ホームステイを受け入れてくれるファミリーは、言葉が満足にできない人への対応は慣《な》れっ子になっているし、乏《とぼ》しいボキャブラリーでもちゃんと意思の疎通はできるものです。

言葉はできるに越したことはありませんが、「達者でなくてもコミュニケーションは何とかなるものだ」という自信を得ることもできるでしょう。これも意外なメリットといえるかもしれません。

海外のホームステイに興味のある方は「日本国際生活体験協会（ＥＩＬ）」（http://www.eiljapan.org/）などのホームステイ斡旋《あっせん》機関に、コンタクトを取ってみてください。ＥＩＬは文部科学省所管の公益社団法人で、現在、加盟二五ヵ国のホームステイプログラムを提供しています。

Ｙさんは、次はフリーの医療コンサルタントの仕事をもっとセーブして、半年か一年、海外で暮らすことを計画中だとか。そのための預金にも励んでいるそうで、ふだんの暮らしは「ケチケチ生活だよ」と大きく笑います。

こんな明確な目的があれば、ケチケチ生活も楽しいかもしれませんね。

26

ボーナスと縁が切れたら、クレジットカードとも縁を切る？

買い物は現金でするか、カードにするか――。

仕事を退いて、収入が限られてきたら大いに悩む問題です。

もちろん、自分が好きに決めればいいことですが、一般的には、現金払いにしたほうが大きな失敗をしにくいのではないか。私はそう見ています。

精神科にはときどき、次から次へモノを買っても満たされず、さらに買い続ける「買い物依存症」の人がやってきます。なかには、気がついたときにはカードローンで首が回らなくなってしまったという人もいます。

カードは便利なものですが、その場で現金を出す必要がないので「お金を使ったという実感」がともないにくいという難点があります。そんなことは言われなくても分かっていると笑う人は、カードの罠にはまりやすい素質十分。気をつけたほうがいいと警告しておきます。キャッシュレスの便利さ、怖さを軽く見る人ほど、ふとしたきっかけに、キャッシュレスの罠にはまりやすい傾向があるのです。

知人のBさんは、定年を機に「カードは原則として使わない」と決めてしまいました。クレジットカードは一枚だけを残してほかは解約。残したカードも海外旅行先で使うだけ。海外では現金を出し入れするほうが、かえって危険だからです。

Bさんが国内でカードを使わない理由は、予算外の買い物でも、ついカードを使えばいいのだと考えてしまうから。現役時代なら予算をはみ出し、出費が膨《ふく》らんでしまった場合にもボーナスで補い、何とか乗りきることができたのですが、定年後はその頼りのボーナス自体がなくなってしまうのです。

「ボーナスと縁が切れたのだから、カードとも縁を切ろう」と決心したというのですから、なかなか見上げた心がけだと感心しています。

ふと見かけたモノをどうしても買いたいと思ったときは、いったん店を出て、ＡＴＭでお金を下ろして現金で買っているそうです。最近はたいていのコンビニでお金が下ろせるので、不便を感じたことはないとか。

時にはＡＴＭまで行く間に冷静さが戻ってきて、「やっぱり今回は見送ろう」と思い直すこともあり、**定年後に現金払いにしてから「後悔する買い物はほとんどしたことがない」**と、ちょっと自慢そうな表情を浮かべています。

27

「財布に現金が少ない」と不安な世代にお勧めの肌付銭

財布にいくら現金を持っているかで、年代を当てることができる人がいます。確かに最近の若い人は、呆《あき》れるくらい現金を持っていません。電車やバスに乗るときだけでなく、コンビニの買い物や自販機でも「ＳＵＩＣＡ」や「ＰＡＳＭＯ」などの交通系ＩＣカードでピッとやるだけ。日常生活を送る分には、現金を必要とするシーンはほとんどないと言ってもいいくらいなのですね。

一方で現在、五十歳以上の年代の人は、ある程度の現金を持っていないとどうしても心細いという人が少なくないのです。

しかし現金を財布にたくさん入れていると、つい気が大きくなってしまい、おごらなくてもいい場面で「いいや、今日は私に任せてくださいよ」などと口走ってしまう場合がよくあります。

知り合いの女性は年金暮らしになってから、持ち歩く現金の上限を、小遣いの三分の一と決めてしまったそうです。彼女の場合は、年金から光熱費などの固定経費を差し引くと、生活費の予算は三～四万円。したがって、財布に入っている現金は多くても一万円ちょっとぐらいです。

その代わり**財布とは別のところに、いつも二万円持っている**そうです。ただしこれは「肌付銭《はだつけ》」です。肌付銭というのは、昔旅に出る人などがいざというときのために、衿《えり》の中などに縫《ぬ》いつけておいたお金のことをいいます。

現在では、衣服の中とはいかないですから、財布とは別のところに収めておくほうがいいでしょう。そしてふだんは、このお金は「持っていないもの」として行動します。出先で突然の入用《いりよう》があり、お金を引き出そうとしても近くにＡＴＭが見当たらなかったときなどにだけ取り出す、と自分に約束しています。

肌付銭が「日の目」を見ることはめったにないそうですが、持っているだけで何となく安心感があるそうです。

28

やり直しができない老後だから、保険を真剣に考えておく

「健康保険があるからとりあえず安心」と思っている人も多いでしょうが、大きな病気になって入院したりすると、意外なほどお金がかかる場合もあります。

もっとも大きいのは、入院する部屋によってかかる差額ベッド代です。いわゆる個室料金ですが、二人部屋などでも室料がかかることも。

原則として、患者さんが自ら希望した場合に費用が発生し、医療機関側が治療上の必要があって個室に入れた場合には、差額ベッド代を徴収することはできない決まりになっています。

とはいえ、他人の目を気にせずリラックスできるからと個室を希望したくなる気持ちも分かります。すると、だいたい一泊七、八千円から高いところでは三万

円以上かかります。これは都心や地方の違い、病院の価格設定によって「ピンキリ」なのですが、一ヵ月以上など長期の入院になれば、差額ベッド代だけで相当大きな自己負担額になるのです。

また、先端医療の中には健康保険の適用が認められていないものもあり、その場合、費用は個人負担になります。

そうした突然の出費に備え、個別に医療保険やがん保険には入っておくほうがいいと思います。民間の保険会社だけでなく、郵便局や農協などでも医療保険やがん保険を取り扱っているはずです。

ほかに、何社もの保険を比較し、年齢、掛け金の予算などに合わせて最適の保険を紹介してくれる「ほけんの窓口」(https://www.hokennomadoguchi.com/)などの企業もあります。最近は高齢になっても加入できる保険も増えているので、一度、相談してみるのもいいでしょう。

医療関連でいうと、海外旅行に行くときには必ず、空港などで掛け捨ての傷害保険に入っておくこと。これは必須と言ってもいいくらいだと思います。海外の医療費は非常に高いからです。

よくクレジットカードに海外旅行の傷害保険が付帯《ふたい》しているから、それで十分だろうと思っている人がいます。カードの種類（ゴールド・一般など）によって保険金額も異なりますが、ほとんどの場合、カードの保険では全然足りません。

ちなみに、知り合いがスイスの氷河見物中に足をすべらせて骨折したときには一ヵ月の入院・治療で、ざっと五〇〇万円ほどかかったそうです。

また、あってほしくはありませんが、日本という地震国に住んでいるのですから、自宅はできれば火災保険だけでなく、地震保険にもセットで加入しておきたいものです。

掛け金を支払うときにはもったいない支出のように感じるかもしれませんが、若い頃と違ってやり直しができない老後になって、いざというとき、大きな金額を補塡《ほてん》してもらえるのは本当に助かるもの。**保険料はケチケチ節約しないことが、いちばんの「節約」に通じる**と考えましょう。

29

老後に車は必要だろうか？——使用頻度、維持費、事故の危険

地方に行くと、鉄道やバスは一日に数えるほどの本数しか運行されておらず、車がなければスーパーや病院に行くのにも困るという地域も少なくありません。

このように、車が日常生活の「足代わり」の地域に住んでいる場合は別でしょうが、都市部やその近郊に住んでいる場合は、老後も車を所有し続けるかどうか改めて検討してみるといいと思います。目安としては、シルバーマークを付ける年代になる頃が一つの区切りでしょうか。

時々、大型ショッピングセンターに行くとか、たまに一泊程度の旅行に出かけるくらいという使い方ならば、「車の維持費」はかなり割高になるでしょう。

車種や使い方にもよりますが、車の維持費は年間で五〇～六〇万円以上かかり

ます。これは税金、ガソリン代、車検といった平均的なメンテナンス費用、任意保険料などの合計で、車の購入費（ローン）は別にしての計算です。駐車場を別に借りている人もいるでしょう。車の購入費を別にして、月に四〜五万円というのは年金頼りの老後の暮らしにとってかなり大きな負担だと思います。

車の運転が大好きで、運転しているとストレス解消になる人なら、車はあったほうがいいでしょうが、そうでないなら、この四〜五万円のお金で、**必要なときには多少不便でもタクシーを利用すればいい、と発想を切り換えるのも一つの考え方です。**

遠隔地の旅行も「ドア・トゥ・ドア」とはいきませんが、最近は高速バス網が張り巡らされており、高速費用より安いくらいの料金で各地に出かけられます。旅先では、必要に応じてタクシーを利用すればいいのです。

それにタクシーならば居眠りしようと、外でお酒を飲んでいようと大丈夫。最近、高齢者の運転する自動車事故が増えてきていますが、プロが運転するのですから家族にとっても安心安全です。

30

緑のカーテンで窓を覆う——人気ナンバーワンは断然ゴーヤ

知人の一人が「わが家の緑のカーテンの収穫です。初めての収穫なんですよ」と、うれしそうに言いながらゴーヤをくれました。

つる性の植物で窓辺を覆《おお》う「緑のカーテン」は、

一、陽射《ひざ》しをさえぎる日陰を作ることで、周囲の温度が上がるのを防ぐ
二、葉の表面から水分が蒸散するときに気化熱を奪うため、周りの温度が下がる
三、家の外壁などに熱が溜まるとその後、じわじわと熱が放散される。しかし、緑のカーテンがあると外壁の温度の上昇自体を抑える効果があるので、熱の放散も少なくなる

などの効果があります。ＮＰＯ法人「緑のカーテン応援団」によると、緑のカーテンがある場合とない場合とでは、窓際の温度差は約一〇度もあるそうです。そのため、夏場、エアコンの使用でかさみがちな電力消費を抑えることができますし、外観が緑で覆われ、住宅の窓辺などにも青々とした茂りが作られるので人々の心を癒《いや》す効果もあります。

ゴーヤを持ってきてくれた知人はマンション住まいですが、ベランダのプランターでもけっこう大きく育つそうで、その言葉どおり、初収穫のゴーヤはなかなか立派なものでした。

緑のカーテンを作るなら、栽培する植物にもよりますが、たいていは五月中旬頃に園芸店で苗《なえ》を買ってきて植えつけます。

地面やプランターから軒下《のきした》までネットを張ることも大事なポイント。園芸店やホームセンターなどで「緑のカーテン用」として販売されている網目《あみめ》の大きなネットを張り、つるが伸びてきたら網目にからませていくと、自然にカーテン状に葉を茂らせていきます。

葉が四、五枚出た段階でつるの先端部分を剪定《せんてい》すると枝の数が増え、面として広がっていきやすくなるそうです。

そして水をたっぷりと与えること。時々肥料を与えること。排水溝《はいすいこう》が土や葉で詰まったりしないように、こまめに取り除いてやること……。ふだんの手入れは普通の園芸とほぼ同じです。

緑のカーテンの人気ナンバーワンは断然ゴーヤ。苗売り場の人によると、七～八割の人がゴーヤを選ぶといってもいいくらいの人気だそうです。家計に貢献するところまではいかないでしょうが、**「わが家でゴーヤが収穫できるなんて、何となく感激!」**でしょうね。

人気の二番手はアサガオ、ついでキュウリ、フウセンカズラ……と続くそうです。トケイソウのような多年草なら、一度作れば毎年、緑のカーテンと花が楽しめますね。

第5章

いくつになっても楽しく遊ぶ

――地域・趣味・仕事の新たな人間関係

31

地域主催の「生涯学習」などは積極的に盛り上げていこう

「趣味を持ちなさいって言われてもねえ」

Kさんは定年になって間もない頃、奥さんから「毎日ぼんやりしていないで、何か趣味でも持ったら」と言われてカチンときました。ただ、これまで仕事を差し引くとゼロという生活を送ってきたので、何からどう手をつければいいのか、見当もつきません。

そんなある日、暇つぶしに行った図書館で、市が主催している高齢者活動のチラシを目にし、想像以上に豊富なメニューがあることに目を見張ります。もっと驚いたのはその料金です。一般のカルチャーセンターなどの数分の一。なかには無料のものもありました。

「これならいくつ参加しても小遣いの範囲内でやれそうだ」

そう思ったKさんは、何種類かのチラシを手に帰宅すると、「ちょっと面白そうだな」と思う講座をマークし、片っ端から参加してみることにしたそうです。

このとき心に決めたことが一つ。参加する以上、どの講座も一ヵ月は続けようとしたのです。どんな講座も一、二回のぞいただけでは面白味が分かるはずはないと思ったから。Kさんは多少人見知り気味のため、初めの一、二回は緊張して人と打ち解けにくい性分であることも、自分でよく分かっていました。

それから三年。現在、Kさんは「ローマ史」と「平家物語を読む」「英語で歌おう」という三つの講座に参加しています。会費はひと月一〇〇〇〜一五〇〇円。市の主催なので、会場は市民センターやコミュニティ会館などでタダ、もしくは実費ぐらいしかかからないためでしょう。

意外といっては失礼ですが、先生や講師は大学の教授やその道の引退された方などが、ボランティア感覚でやっているので皆一流です。

生涯学習や高齢者のための居場所づくり、生きがいづくりには、どこの自治体も相当に力を入れています。

こうした活動に積極的に参加することは、ローコストで趣味や生きがいを楽しめるだけでなく、それらの活動をさらに盛んにするため、「自ら貢献する」という意味もあるのです。利用する人が少なければ「人気がない」「需要がない」と見なされ、翌年からは予算カット、規模縮小となり、どんどん小さくなってしまいます。

次に続く「後輩」の高齢者のためにも、地域で行なっている趣味や生涯学習活動には積極的に参加してみましょう。

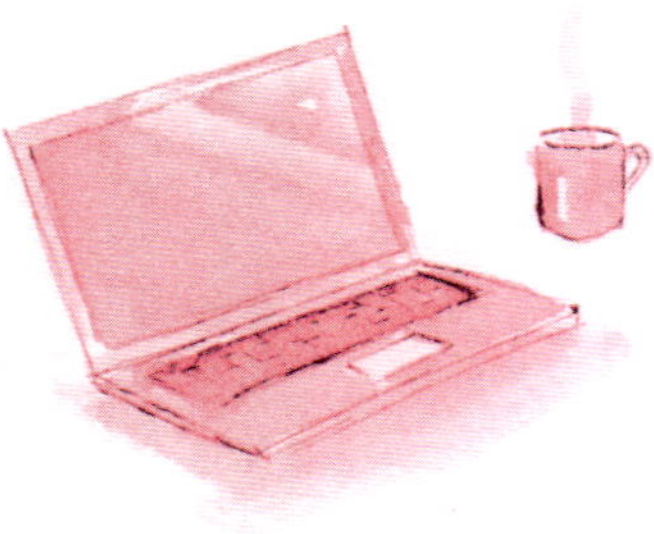

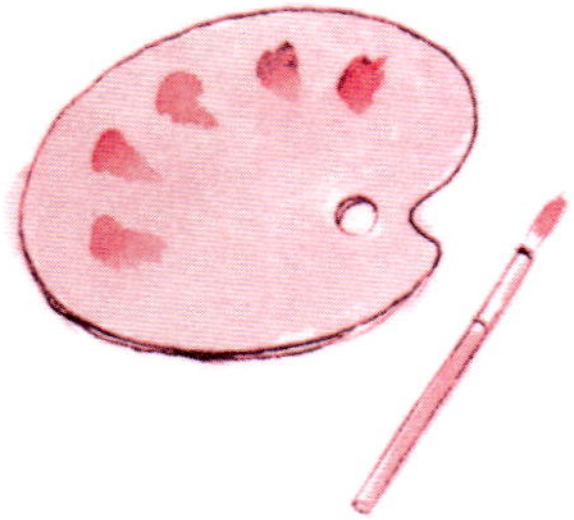

32

「おごらない」「おごられない」――地域の人間関係の鉄則

退職してから地域の交流が生まれると、知り合いとふと道ですれ違ったり、商店街でばったり顔を合わせたりすることが多くなります。毎日の生活の場で「やあ、こんにちは」と笑顔で挨拶を交わせる人ができるのは、こんなにも楽しいことだったのかと気づきます。職場でもない、親戚でもない。上下関係もなければ、義理もしがらみもないことも、地域付き合いの素晴らしいところ。それだけに、この付き合いには「お金の関係」を持ち込まないことが大事です。

はっきり言えば、おごったりおごられたりは原則としてしないこと。

「お茶代くらい私に任せてくださいよ」などと、すぐに財布を取り出す人がいるのですが、注意すべきです。老後の経済事情は人それぞれ。何人分かの喫茶店代くらい何でもない人もいるでしょう。それに相手のためにというより、人に気前よくふるまえる自分に満足感を覚えたい心理もあるのです。

しかし、どんなに少額でも、おごられたほうには気持ちの負担が残ります。なかには罪悪感を覚えたり、恥ずかしいと感じる人もいるでしょう。おごってもらったら「単純にうれしい」人ばかりではないのです。

同様に「いただきものがあって、夫婦二人では食べきれないから」などと言って、立派な箱入りのお菓子などを持参するようなことも控えましょう。いただきものなどあまりない人もいるかもしれないからです。

さらに「この間、疲れやすいと言っていたから、ニンニクの黒酢漬けを買ってきたの。よく効くから試してみて」などと、相手に頼まれもしないのに何かをあげることも控えるべきです。いくら厚意のつもりでも、相手は「うっかり口を滑《すべ》らせたばかりに気を遣《つか》わせた」と自分を責めることにもなりかねません。

とくに**義理もしがらみもないからこそ、地域の人間関係では出すぎないことがいちばんの要点なのです。**

33 人生のベテランらしい「スマートな割り勘」を身につけよう

男性と女性がお茶を飲んだり、食事をしたりしたとします。恋人とか夫婦なら話は別ですが、ただの友だちや知り合いならば、自分が食べたものは自分で支払うのが当然でしょう。

なかには、そうしたシチュエーションでは男性がお金を支払うのが当然と思っている人もいるようですが、そうした関係からは「対等な人間関係」は生まれにくいと考えるべきだと思います。

前述のように、老後の友だち付き合いは割り勘が原則。ただし割り勘の仕方は簡単なようで、案外難しい。だからこそ「割り勘はスマートに」を心がけるのは大人のマナーといえるでしょう。

男性と女性で食事をした場合は、お店の格にもよりますが、女性がそれなりのお金を男性に手早く渡し、「お会計、お願いできますか」などと言えばスマートでしょう。あるいは小声で「ここはいったん、お願いします。外で清算させていただきますね」とする方法もあるでしょう。

先日、銀座にある高級フランス料理店でランチをしたときのこと。こうしたお店のランチタイムには、中年以上の女性が連れだって食事を楽しんでいる姿をよく見かけますが、その日はさすがに唖然《あぜん》としてしまいました。テーブルの上でそれぞれが財布を片手に、スマホを使って、自分が支払う分を計算し始めたのです。

決して安くはない金額ですから真剣になる気持ちも分かりますが、まだほかにランチを楽しんでいるお客もいるのです。これはあまりカッコよくありません。お店の人も、困惑の表情を隠しきれない様子でした。

こうした格式のあるレストランや料亭などでは、誰か一人がまとめて支払い、別の場所で清算するのがスマートでしょう。金額が大きくなるなら、あらかじめ支払う役の人にお金を渡しておけばいいのです。

一般的なレベルのレストランならレジに行き、「会計は一人ひとり、別々にしてください」と声をかけ、自分が食べたものを言えば、ちゃんと対応してくれるはずです。

あまり人数が多い場合や、誰が何を何杯飲んだか分からなくなってしまった場合は、「一人三〇〇〇円ずつ」などと大ざっぱな割り勘方式でいいと思います。細かなお釣りが出たら、飲む量が少なかった人に「あまり飲んでいないようだったから」と渡して終わり！　でよしとしましょう。あるいはレジの寄付金箱に入れるのもいいと思います。

お金の支払い方は、その人の心遣いや品性をあらわに示すものです。

「さすがに人生のベテランは違うな」と言われるような、スマートな支払い方をして若い人の範《はん》となりたいものですね。

34

仲間と始めたボランティア活動——新たな生きがいの発見

六十八歳のGさんが老人ホームを回って、お琴《こと》の演奏を聞いてもらうようになったのは、ひょんなきっかけから。

Gさんは共働きで子育てをしている娘さんをサポートするため、お孫さんの保育園の送り迎えを引き受けていました。そこで、同じくお孫さんの送り迎えをしているWさんと顔なじみになり、自分たちの子どもの頃の話をしているうちに、二人とも子どもの頃にお琴を習っていたことが分かったのです。

それが保育園の先生の耳に届き、それから話はさらに発展して、老人ホームで演奏してくれないかということになったそうです。

演奏といっても「さくらさくら」とか「この道」「夕焼け小焼け」などの昔懐

かしい童謡・唱歌や昭和の懐《なつ》メロのわりと簡単な曲のほうが人気があるので、サビついていた腕でも何とかなるのだとか。その代わり、いままであまり弾《ひ》いたことがなかった曲なので、二人でしょっちゅう会うなど練習に余念がありません。

老人ホームには合唱やシャンソン、ピアノ演奏などのボランティアが多いのですが、お琴は珍しいので、お年寄りには大好評だということです。

「もう一つ、よかったのはね」とGさん。それまでタンスに眠っていた着物や自分の母親が遺《のこ》してくれた着物を着る機会ができたことだと、にっこり微笑《ほほえ》みます。「もったいなくて、捨てるに捨てられなかったんです。娘に見せても、いらないと言われちゃうし」

眠っていたものが日の目を見る——。これもモノを生かすことに通じているという点で、大きな意味での「節約」といえるでしょう。

また、**これまで何十年も生きてきたのですから、誰だって何かできることがあります。**それを生かして人の役に立ちたい——。その気持ちが、人生に張りを与えるのだと思います。

35

小さな仕事をバカにしない
――とにかくやってみる、続けてみる

知人のお父さんは今年八十歳を迎えるそうですが、現在も「自分の小遣い分は自分でしっかり働くよ」と話すそうです。

公務員として定年まで勤め上げ、その後はしばらく「毎日が日曜日」とばかり、仕事をしなくてもいい日々を楽しもうと考えていたらしいのですが、やがて、やることがない毎日は張り合いもないことに気づきます。

それから懸命に仕事探しをした結果、やっと見つけたのは、ある会館の売店の店番でした。やはり定年を迎えた人と一日おきのシフト勤務です。

第一週は月・水・金、次の週は火・木の二日、つまり一ヵ月で十日程度、朝十時から夕方五時までの勤務で毎月三万五〇〇〇円という条件。

時給にすると「情けなくなるほどの金額だ」と嘆き、けっこう悩んでいたそうですが、結局は引き受ける決心をしたといいます。

それからもう十年以上。給料はちっとも上がらないけれど、この仕事に大感謝しているというから、変われば変わるものです。

感謝のポイントの第一は、毎日誰かと顔を合わせ、いろいろな話ができるので退屈知らず。第二に、一日おきの勤務なので体に無理がなく、高齢者にとっては最高のシフトであること。第三に、いまでもちゃんと仕事をしてお金を得ていることに誇りが持てることだそうです。

とはいえ、もうすぐ八十歳になるので、知人が「そろそろ仕事は辞めたら」と勧めたところ、

「会社を辞めて初めて身に沁みたんだが、お金を得るのは並大抵のことじゃないんだね。何もしなければ一円だって手に入らない。何かの形で人の役に立つ。社会に貢献していなければ、誰もお金はくれないからね。

反対に言えば、毎月、お金をいただくと、これっぽっちかというような少額で

も自分としては、**『今月もちゃんと仕事をしたんだ、社会の役に立っているんだ』と誇らしい気持ちになれるんだよ。**この年で、小遣い分をちゃんと働いているなんて、我ながらよくやってるじゃないかと胸を張りたいくらい。まあ、向こうから辞めろと言われるまでは働かせてくれよ」

そう言われてしまったそうです。

特別な技能や人脈、経験を持っていない限り、定年後の人に仕事の話があるだけでもラッキーだと思うくらいでちょうどいいのではないでしょうか。

仕事の話を持ちかけられたら、自分の期待したような仕事ではなかったとしても、けっしてバカにしないこと。割に合わないなどと、にべもなく断ってしまうのはもったいなさすぎます。また、高齢でも小さな仕事を続けている人に尊敬の念を持つこと。

とにかくやってみる。続けてみることです。案外、小さな仕事のほうが年を重ねても長く続けられるケースが多く、結果的には「やってよかった」となる公算は大だと思います。

36

「旅行パック」よりも思い出が残る「個人旅」を夫婦でぜひ

定年後に、夫婦で旅行三昧《ざんまい》という人も増えています。

幼なじみのAさんもそんな一人です。Aさんは、五十代の初めにハードワークで知られる金融業界から、半官半民のセミトップに転職しました。今度の職場では有給休暇を自由に取れるようになり、毎年一、二回、奥さんと一週間くらいの海外旅行を楽しむようになったとか。

旅行はいつも、旅行代理店が売り出すパックツアー。「パリにも行ったたし、スイスにも行った……。だんだん行くところがなくなってね」と、ご機嫌なのですから文句をつけることはないのですが、バスに揺られて名所から名所へと移動。目的地では旗を振ったガイドの後をついていき、短い自由時間に大急ぎで買い物。そして、またバス上の人に……。

これでは、旅の醍醐味《だいごみ》である異国との「ナマの触れ合い」など望むべくもないでしょう。

そこで私は、「もう海外旅行にもかなり慣れてきたんだから、一度、パック旅行じゃなくて、個人旅をしてみたら」と勧めてみました。

「うーん、英語にも自信はないし……」などと最初はためらっていましたが、ついにロンドン郊外のミニホテルを予約すると、格安チケットを買って出かけていきました。

「いやあ、失敗だらけの珍道中でね。でも、おかげですごく楽しかったよ」

帰ってきたその日に、弾《はず》んだ声で電話がありました。数日後に一杯やろうと会ったところ、写真片手に次から次へと話が広がり、止まるところを知りません。とんちんかんなミスやハプニングもあった様子ですが、帰国してみると、それが旅の最大の思い出になっているんだと愉快そうに話します。

パック旅行ではときどき夫婦で小さなケンカもあったそうですが、今回の個人旅では頼れるのはお互いだけ――。

危険や不便、心細さや不安を味わうこともいろいろありましたが、それをどう解決していくかを夫婦二人で体験すること以上に、お互いの距離を縮めるものはないのです。定年後の旅行を、どんどん経験すべきではないでしょうか。

Ａさん夫婦もそれを味わって、想像以上にエキサイトしたようです。街を歩くときも、「いやあ、手なんか組んじゃってね」とまんざらでもなさそうです。

パック旅行の生みの親は、イギリスのトーマス・クック。ある宗教団体の小さな団体旅行で列車の切符の一括手配を成功させたことをきっかけに、一八六一年、ロンドンブリッジ駅～パリ間の団体旅行を生み出しました。

以来、世界各国に同じような方式が普及していることから、時間的にも経済的にも非常に効率的な旅行法だというのが分かります。

でも時には「効率重視」のパック旅行から離れ、あえて非効率的な個人旅行をしてみてはいかがでしょうか。Ａさん夫妻のように失敗だらけだとしても、終わってみればその思い出はどっさり、という心豊かな旅を経験できるはずです。

37

形式的な贈答習慣を見直す
——本当の人間関係の大切さとは？

「老後になっても、冠婚葬祭や交際費はちっとも減らないから大変だよね」

そんな話を耳にすることがよくあります。最近は長寿時代なので孫の結婚式に祖父母が参列することも、ちっとも珍しくなくなりました。

日本人は「人間関係にお金を使いすぎる」傾向があるように私は思います。それに、だからといって必ずしも人間関係を大切にしているとは思えない場合が多いのです。

お中元、お歳暮なども、まだまだ盛んです。

お互いに似たようなものを贈り、贈り返す。商業主義に踊らされているといえば言いすぎかもしれませんが、こうした形式的な交際からはそろそろ卒業してもいい――。特に**老後は義理やしがらみから解放され、もっと実質本位の人間関係を大事にしていけばいい**と思います。

しばらく前に退職した同僚のセラピストは、四国の実家に帰り、地域医療を手伝いながらのんびりとした日々を過ごしています。

お中元やお歳暮に疑問を挟んでおいてと言われそうですが、私は冬になると、彼女から宅配便が届くのを心のどこかで待ち望んでいます。彼女の住む地方ではきんかん栽培が盛んなのだそうです。

彼女は無農薬栽培をしている農家を選び、きんかんを買うと、それを甘く煮て医局に送ってきてくれるのです。ほどよい甘さはお茶受けに最適で、きんかんが届いた日には、ひとしきり彼女が在籍していた頃の思い出話で盛り上がります。

年に一、二度、お互いのことを思い合うという意味ではお中元、お歳暮の習慣にも捨て難い点はあると思います。けれども同じ贈るならこんなふうに、儀礼的なものや通り一遍のものではなく、その人ならではのものを贈り合いたい。きんかんの甘露煮《かんろに》が届くたびに、そんな思いを強めています。

第6章

家族に何を遺すべきか

――お金には代えられない思いと絆

38

家族へのいちばんの贈り物——一緒に過ごす時間と思い出

「年を取ってきて、私は本当に親不孝だったとようやく気がついたんですよ」

あるナースが、ポツリとこう漏《も》らしたことがありました。

彼女は、職場でもよく話題になるくらい親孝行で知られた人です。特に生活に困っているわけではなさそうな両親に、毎月お小遣いを送り、おいしい食べ物や暖かそうな衣類、寝具を贈ることもしょっちゅう。

ご両親が元気な頃は二人分の費用を払って、あちこちへ旅行に送り出していたとも聞いています。お芝居が好きなお母さんには、贔屓《ひいき》の役者の公演のたびに席を取って、お小遣いも付けて楽しんでもらっていたそうです。

ナースは特に多忙な仕事です。しかも彼女は共働きで、二人のお子さんも育てていました。その忙しさの中で、両親にこれだけの心遣いなど、なかなかできるものではないと私も感心していたのでした。

ところがある日、彼女からこんな話を聞いたのです。

数年前にお父さんを、昨年お母さんを見送った彼女は、いまでも両親、特にお母さんの夢を見て、時には夜中に目を覚ますことがあるというのです。

「私は忙しさにかまけて、両親と一緒に時間を過ごすという思いに欠けていたんです。両親が揃《そろ》っていた頃はともかく、母が一人になってからも旅行やお芝居に一緒に行くこともなく、一緒にご飯を食べる機会もあまり持てなかったんですね。何て親不孝をしちゃったのかと、いま頃気がついて……」

そういえば、電話をかけると「今度はいつ来れるの？」とか、芝居の切符を送ると「あなたは来ないの？」などと何度も尋ねられたとか。その言葉の奥に、「本当は一緒に行きたいのよ」という思いが隠されていたのでしょう。

年を取れば取るほど、モノやお金よりも、子どもや孫と一緒に過ごす時間のほうがうれしい――。これが高齢の親の本音ではないでしょうか。

一方、知人のEさんは古希《こき》を迎えたのを機に、思い切って子どもの家族全員を引き連れてハワイ旅行に出かけてきたそうです。「一財産、使っちゃったよ」と、何ともうれしそうです。

以前、「思い出はプライスレス」というCMを見たとき、子どもに小金を残すよりも、とびっきりの思い出を残したほうが、後々の子どものためにいいと考えたのだそうですが、なかなかのアイディアだと感心します。

長い人生を充足させてくれるのは、何といっても家族です。ハワイとまではいかなくても、家族の思い出づくりのための出費は、優先順位の第一に置いてもいいのではないか。私はそう考えています。

39
夫も妻も自立する――どんな場合も最後まで支え合えるように

「夫婦同格」であること――。これは、心豊かな老後の第一条件といってもいいくらいでしょう。

ここで男性にお尋ねします。奥さんを「お前」と呼んでいませんか。長年、「お前」と呼んで違和感がないという人は、どこかで女性を上から目線で見ている傾向があるといわれます。

今後も「お前」と呼び続けるかどうかはともかくとして、妻が自分に従うのは当然だという考え方をしていることに気づいたら、これから先の長い老後、仲睦《なかむつ》まじくとはいかないと大いに反省すべきです。

団塊世代は「男子、厨房《ちゅうぼう》に入るべからず」という人は減り、料理にも関心を持ち、なかには「〇〇ならオレに任せておけ！」と自慢の腕をふるう男性も増えているようです。

でもあえて反論を唱えれば、これでは一種の「イベント料理」にすぎません。家事としての料理は毎日、朝・昼・夜、明けても暮れても繰り返し台所に立ち、疲れて体調がよくない日でもそれなりにこなし、栄養や予算、時間の制限も考え、さらに後片づけまできちんとして、はじめて完結なのです。

洗濯も、洗濯機に放り込むのなら子どもにもできます。洗い終わった洗濯ものを形を整えながら干《ほ》し、乾いたらきちんとたたみ、アイロンをかける必要のあるものはそうして収納場所にしまう。ここまでやっているでしょうか。

ほかにもゴミの分別、近所から回覧板が回ってきたらどうするのか、町内会のお付き合いは……など、これらを全部クリアして「家庭生活」は成り立っているわけです。

一方で妻のほうも、税金の還付《かんぷ》請求書類をつくるとか、老後資金の管理などを夫任せにして、自分は「ややこしくて分からない」「どうせ夫が決めるから」などと思ってはいないでしょうか。

老いは確実に進んでいきます。これは避けられない宿命です。やがてどちらかが病気になったり、身体機能が衰《おとろ》えてきたとき、それを支えることも夫婦としての役割だと考えなくてはいけないのです。

夫婦それぞれが自立することは、どんな場合も最後まで支え合って生きていくという「決意表明」と言い換えることができるかもしれません。

40

教育こそが一生の財産
——子どもが「選んだ道」を進ませる

Xさんは、団塊世代より一世代前に薬剤師になった人です。実家が薬局だったわけではなく、平均的なサラリーマン家庭だったとか。

薬剤師になるには大学に進まなければならず、兄弟も多い家だったので、両親の負担はけっして小さいものではなかったでしょう。

それでも薬剤師になりたい気持ちを抑えられず、おずおずと両親に進路についての希望を話したところ、ご両親はこう話して賛成してくれたそうです。

「うちはこれといった財産は残してやれないから、子どもに教育だけはつけてやりたい。これと思う道を進んでいきなさい」

それから有為転変《ういてんぺん》——。高度成長期もあればバブル沸騰期もありました。やがてバブルは崩壊し、家や株などの財産は時代とともに翻弄《ほんろう》されたけれど、身についた教育や資格は揺らぐことなく、Xさんの「一生の財産」になっています。

でも間違えないでください。薬剤師になったからお金が儲《もう》かり、一生の財産になったということではありません。**自分が信じる道を進むことができ、その仕事を通じて、充実感や生きがいを持つことができた。これが一生の財産なのです。**

Xさんは「自分が親から受け取った教育こそが、一生の財産である」という考え方をわが子にも貫き、自分ができる最大限の後押しをして、二人のお子さんをそれぞれが選んだ道に進ませたそうです。

この本の読者である年齢層には、子どもの教育はだいたい終わったという人が多いかもしれません。でしたら、その次の世代、お孫さんの教育に持てるものを注ぐというのはいかがでしょうか。

たとえば、孫の教育資金に祖父母がお金を出す場合、一五〇〇万円までは贈与税が免除されるのです。

41

孫の欲しがる「ポケット」にならない
——お互いが不幸になる前に

しっかり孫に教育資金を残すのは生きたお金の使い方といえるでしょうが、それでもやはり、やたらと気前よく孫の顔を見るたびに「小遣いをやろうか」とお金を与えたり、高価なおもちゃを買い与えるのは控えるべきです。これでは買っているのは、孫の歓心《かんしん》のような気がします。

さて最近の子どもは、「シックスポケット」を持っているとのこと。

両親のほかに父方の祖父母、母方の祖父母の計六人が、その子のためにお金をふんだんに使ってくれるというわけです。

「孫が生まれた頃は、仕事も現役で収入もたっぷりあった」という人も少なくないでしょう。孫は子ども以上にかわいいもの。つい甘くなり、ねだられれば少々高いものでも「二つ返事」で買い与えてしまうのでしょう。

そのうちに、モノより現金を欲しがるようになり、それでも大甘のジジババは孫に会うたびに、ついお金を渡してしまう……。

これでは、結果的に孫の心をお金でつなぎ止めているわけで、孫を愛するという気持ちが卑《いや》しいものになってしまいます。お金をあげなくなったら、孫が寄りつかなくなった――。そんな寂しいことにもなりかねません。

「子どもを不幸にするいちばん確実な方法は、いつでも何でも手に入るようにしてやることです」

ルソーは著作『エミール』の中でこう言っています。

ある人に聞いた話の受け売りですが、イギリスでは貴族など上流家庭はわが子を親が育てることはせず、「ナニー」と呼ぶ乳母《うば》が育てる習慣があるとのこと。親はどうしても甘やかすから、という理由です。食事も子どもには贅沢《ぜいたく》なものを与えず、わざと粗末で味もおいしいとはいえないものを食べさせます。

上流家庭の子弟が行く名門校は全寮制《ぜんりょうせい》が普通で、ここでも徹底的に、粗末と言いたいくらいの質素な食事、暮らしをさせます。そうしなければ「骨のある人間」には育たないと考えているからです。

孫を不幸にしたくないのなら、孫の親、つまりわが子と話し合い、孫に与えるもののルールをつくるといいと思います。**財布のヒモを締めることは、むしろ孫のため、孫への愛情でもある**と、しっかり理解しましょう。

知人の場合は、現金をあげるのはお年玉だけ。あとは誕生日とクリスマスには予算を伝え、孫の希望のものを買ってあげる。ほかには入園や入学の節目だけ、ランドセルや机など必要なものを買う――と決めたそうです。

とはいえ、この取り決めでは我慢できなくなることもよくあるそうです。実は我慢できないのはジジババのほうなのです。

そこで知人はただ一つ、買ってもいい例外を設けたそうです。もちろん、親と相談のうえですが、例外は本。それも毎回、一冊だけが約束です。知人は「なんだか高い図鑑を買わされちゃったよ」などと口ではグチりながら、自分が買ってあげなければ孫が読むこともなかっただろうと、けっこううれしそうです。

42

「本当に困ったら開けなさい」——弟子に残した一休さんの遺産

子どもや孫には「遺産」を残したい。私はそう願っていますが、残したいというのは「一休《いっきゅう》さん」のような遺産です。

一休さんといえば頓智《とんち》で知られ、アニメにもなっていることから、子どもたちの間でも人気者です。実像の一休（宗純《そうじゅん》）は、いまから六百年ほど前の室町時代に実在した臨済《りんざい》宗のお坊さんで、後小松《ごこまつ》天皇の落胤《らくいん》（母は藤原氏《ふじわらし》の出）とする説が有力視されています。

一休は、六歳のときに臨済宗安国寺《あんこくじ》に預けられ、出家したとされます。成長するとともに人並みはずれた才気煥発《かんぱつ》ぶりを見せました。有名な「このはし渡るべからず」や「屏風《びょうぶ》の虎を縛ってみせます。さあ、追い出してください」などの逸話は八〜十歳ぐらいのときの実話をベースにしたものと伝えられます。

禅僧として高名を得る一方で、当時、固く禁じられていた肉食や女犯《にょぼん》など数々の奇行でも知られますが、これは権威や戒律《かいりつ》の形骸《けいがい》化を批判、風刺することで、「本来の仏教に帰れ」と警鐘《けいしょう》を鳴らしたのだと考えられています。

一休は長年にわたって権力と距離を置いて生き抜き、野僧《やそう》として貧しい生活を送ります。しかし八十歳のとき、戦乱で炎上した大徳寺《だいとくじ》の復興のために時の天皇から大徳寺住職に任じられると、いっさいを飲み込んでその座に就《つ》きました。

一休が死の床《とこ》についたのは八十八歳のとき。当時の平均寿命の倍近い長寿でしたが、それでも「死にとうない」と言ったとか。未練だとも見えますが、悟りを得ながらも人間性を失わなかった、一休らしい心情の吐露《とろ》とも考えられます。

いよいよ死期が迫ったとき、一休は弟子を集めると「本当に困ることがあったら、これを開けなさい」と一通の書状を授け、やがて穏《おだ》やかに冥途《めいど》へと旅立っていきます。

天皇家から賜《たまわ》った広大な所領地の証文《しょうもん》なのか、あるいは堺《さかい》の商人から送られた莫大な富の預け証なのか。いやがうえにも期待は膨《ふく》らみますが、弟子たちも一休の遺言を固く守り、少々の難事では遺書を開けようとはしませんでした。

それから何年かがたち、寺に深刻な大問題が起こって、八方ふさがりになったとき、弟子たちはついに師の遺産に頼るほかはないと決意します。さて、書状を開くと、そこには証文でも莫大な財産の預け証でもなく、一休の手になる書が入っていました。

書かれていたのは「心配するな、なんとかなる」とのみ。

しかし、考えれば考えるほど、この言葉に勝《まさ》る遺産はないでしょう。どんなに追い詰められた状況でも「人生、そこで終わり」ということはないはずです。

人生は必ずその先へ、先へと続いていきます。何とかなっていくのです。

一休ならずとも、後の世に必ず伝えていきたいのは、八方ふさがりであればあるほど気を楽にして、でも何とか問題解決を図ろうとする「力強い楽観主義」とでもいうべき考え方ではないでしょうか。「心配するな、なんとかなる」の教えは、どんな巨額の富とも比べものにならないくらい、価値のある遺産だったのです。

第7章

最期の日まで自分らしく生きる

――人生の総決算は潔く、清々しく

43

弔《とむら》いはどうされたいか——人生の幕をどう引くか考える

最近、新聞の訃報欄《ふほう》を見ても「葬儀は近親者ですませ……」という文言をよく見かけるようになりました。そのうえで後日、親しい友人などが集まり、お別れの会を開く——。こうした簡素な葬儀になっていくのは、望ましい傾向だと私は思っています。

これまで、日本の冠婚葬祭は派手すぎるうえ、弔意《ちょうい》や祝意を「香典《こうでん》」や「御祝《おいわい》」などの現金で示すことが普通でした。でも考えてみれば、これは戦後の何十年かの間に急速に発達した習慣だったのではないでしょうか。

戦前の庶民の暮らしを描いた映画などを見ると、結婚式も葬式もそれぞれの家で執《と》り行なわれ、近所の奥さんが割烹着《かっぽうぎ》片手に台所に集まり、ふるまい料理などを手伝ったりしたものでした。

それがいつの間にか、結婚式も葬式も、専門業者の手で行なわれるようになります。商業主義が介在するようになると、形ばかりが派手になり、ただ空々《そらぞら》しい後味が残るような式が増えたように感じられてなりません。

これは冗談にせよ、「葬式代ぐらい残して逝《い》きたいよ」などと口にする人がいるのも、いつの間にか、こうした仰々《ぎょうぎょう》しい費用のかかる葬式が当たり前という思いが、刷り込まれてしまったからかもしれません。

私が知っているかぎり、アメリカでは葬儀も結婚式ももっとアットホームです。もちろんお金もそれほどかからず、それゆえにいっそう心に沁みるもののようです。

「驚いたよ。彼の供養に行ったら、仏壇はいうまでもなく、位牌《いはい》もなければ線香立て一つないんだ。遺骨と写真だけ。遺骨の前には、大好物だったバーボンウイスキーのキャップが数個置かれていただけだった……」

昨年、仕事仲間を見送った知人がこう語っていました。海外出張先で訃報を受け取り、帰国してからお参りに行ったため、葬儀の様子を知らなかったらしいのですが、息子さんから、通夜《つや》も葬儀もなし、病院から火葬場へと、いわゆる直葬《ちょくそう》にしたと聞いたそうです。

戒名《かいみょう》もなく位牌もない弔《とむら》い方は、亡くなった人の固い遺志だったということでした。故郷の海に散骨《さんこつ》してほしい、墓も要らないと言い残して逝ったそうです。

「ちょっと驚いたけれど、いかにも彼らしいなあと、かえって清々《すがすが》しい思いだったよ」

その気持ちは、私にもよく理解できるような気がしました。

どんな送られ方をしたいか、どんな葬儀にしてほしいかは、自分の人生の最終の幕をどのように引きたいか、ということだといえるでしょう。

自分が本当に見送られたい形で、旅立っていけばいいのです。「葬式ぐらい人並みに……」と思うのも自由なら、彼のように病院から火葬場へという直葬を選ぶのも自由です。もちろん、最後の最後まで盛大にしてほしいという考えだってありでしょう。

立派なものはさておき、簡素な形を望むと世間体《てい》が……と気にすることはありません。葬儀を含めて、人は限りなく自由でありたいと願う生き物なのですから。

ただ、**そう望むのであれば、家族などにきちんと言い残しておくことが大事です。そして家族の側も、その遺志を尊重することが旅立っていった者をリスペクトすることになる、という認識を持つべきでしょう。**

お父さんの遺志通りに、通夜も葬儀も戒名も位牌もない弔い方を貫いた息子さんの例は、知人から話を聞いた私にまで、お父さんへの尊敬や深い思いが伝わってくる感慨深いものでした。

私自身も葬儀はできるだけ簡素に、親族のほかは指折り数えるくらいの友人に穏《おだ》やかに見送られたいと願っています。

簡素さは心を研《と》ぎ澄ますものです。逝った人を深く静かに思う――。その思いがあれば、それ以上の葬儀はないと思うからです。

44

年齢を重ねたら、死について深く考える時間を持つ

私は四十代で自分の墓を作り、六十歳になった年に仏教を本格的に学び始めました。それほど気にしていたつもりはないのですが、やはりどこかで、死を強く意識しながら生きてきたのかもしれません。

医師という職業を選んだ以上は宿命といえるのでしょうが、若いときから日常的に死がそこにある日々を送ってきたのです。やがて、人はなぜ死んでいくのだろうと考えるようになっていました。

幼い死、若い死、人生の盛りの死、老いて枯《か》れるようにして亡くなる死……。ときには、なかなか死を迎えられず、苦しむ例も見てきました。そうしているうちに、生きるとはどういうことなのか。どう生きれば死を静かに受け入れられる

のかという考えが膨《ふく》らみ、深まっていくのを体験してきたのです。

「死ぬことを学ぶことと、死ぬことは、あらゆるほかのはたらきと同様に価値の高いはたらきである」

ヘルマン・ヘッセの『人は成熟するにつれて若くなる』にある一節です。

老いの日は、体力的には人生の盛りを終え、静かに夕暮れに向かう軌跡《きせき》です。それは否定することもできず、逃れることもできない定めというべきでしょう。

その最後に死があることも皆、知っている……。

しかし**死は人生の終わりなのではなく、人としての完成形なのかもしれない。**

私は最近、そう思うようになっています。

老年になり時間にゆとりができたら、もっと死について熟考すべきだとお勧めしておきます。より多くの死を見つめ、自分なりの死についての思い、考えを確かなものにしていくべき年齢になったのだ、という自覚を持つべきです。

死は病院の中だけにあるわけではありません。いちばんたくさん死があるのは、実は本の世界ではないでしょうか。

読書はいちばんお金のかからない趣味であり、手軽なものでありながら、人間を磨き深める最高の手段だと思います。文庫や新書ならコーヒーかラーメン一杯程度の金額で、古今の叡智《えいち》に触れることができるのです。

本だけではありません。映画、ドラマ、芸術……。一見死を描いた作品でなくても、そこに人が描かれている以上、生きるということ、どのように人生を送ればいいのか、そして、どう自分の死を迎えればいいのかという示唆《しさ》にあふれているはずです。

「豊穣《ほうじょう》の生命」は「豊穣の死」とイコール。生きることの裏側には、常に死が密着しています。その気になれば、草や花、庭に住む小さな生き物からも死を学ぶことはできるでしょう。

「生は来《らい》にあらず、生は去《こ》にあらず。生は現にあらず、生は成《じょう》にあらざるなり。しかあれども、生は全機現《ぜんきげん》なり、死は全機現なり」

道元《どうげん》の『正法眼蔵《しょうぼうげんぞう》』にある言葉です。私は『正法眼蔵』をわずか数百円の古本で入手しましたが、そこから得た知識、感慨はまさに無限の価値がありました。

45

「自分の最期」について夫婦や家族ともっと話し合おう

自分が死んだ後、家族の心身の負担を最小限にするためにも、死に臨《のぞ》んだときの自分の思いを書き残しておくこと、いわゆる「エンディングノート」を書いておくといいと思います。

エンディングノートは書店や文具店などで手に入りますし、パソコンを操作して関連サイトからダウンロードすることもできます。一般的には、次のようなことを書いておくといいとされています。

①自分史（これまでの人生を振り返って、特に思い出に残っていることなど）
②資産一覧

③介護や延命治療などについての考え方、希望
④葬儀や墓についての希望
⑤遺産相続における希望。遺言書の有無
⑥家族や親戚、友人などへの言葉

ただしエンディングノートは、正式な遺言書（遺言公正証書や自筆遺言書）と違って、法的な効力はありません。法的な効力を必要とする場合は、エンディングノートとは別に、正式な遺言書を用意しておきましょう。

しかし、ある意味では正式な遺言書以上に、故人の思いが込められているのがエンディングノートと考えられます。遺族はエンディングノートにある故人の思いを、最大限尊重する気持ちを持つようにしたいものです。

同時に**大事なことは、ときどき、エンディングノートに書いたことを配偶者や子どもたちに話しておくべきでしょう。**

先日も知人が、奥さんや子どもに「万一のことがあったら葬式は……」と話そ

うとしたら、「そんな縁起でもないこと、やめてくださいよ」と一蹴《いっしゅう》されたと語っていました。日本には、いまでも死を忌《い》み、なるべく遠ざけようとする感覚が強く残っているのでしょう。

知人は、エンディングノートを書いても、その通りに実行してくれるかどうか……と不安も口にしていましたが、だからこそ普段から死についても率直に話し合っておく必要があるのです。そのときの印象が強く家族に残っていれば、万一のときに、亡くなった人の遺志をないがしろにすることなどあり得ないでしょう。

NPO法人「高齢社会をよくする女性の会」の調査（平成二十五年五月発表）によれば、自分の最期の医療について「家族に希望を伝えている人」は約三一パーセント。残りの三人に二人は、自分の思いどおりの最期を迎えられるかどうか、あやふやな状態になっているのです。

老いを深める中で夫婦や家族で死について語り合うことは、縁起が悪いわけでも何でもなく、ある意味、人生においていちばん大事な取り組みといえるのではないでしょうか。

46

「自然な老い、自然な死」を受け入れる人生観が増えている

「延命治療はしないでほしい」と希望する人が次第に増えてきているそうです。

少し突っ込んで聞くと「胃《い》ろう（胃から直接栄養を摂取するための医療措置）は要らない」と答える人が多いようですが、一口に延命治療といっても、さまざまなシチュエーション別の選択があります。

国立長寿医療センターによる「私の医療に対する希望（終末期になったとき）」調査によれば、終末期医療には次のような項目があり、このセンターでは入院時に患者本人にこうした書類の記入を求めるようにしているそうです。ただし、この希望は絶対ではなく、いつでも修正や撤回ができ、法律的な効力もありません。

1. 基本的な希望

①痛みや苦痛について（希望の項目をチェックする）

□できるだけ抑えてほしい（□必要なら鎮静剤を使ってもよい）

□自然のままでいたい

②終末期を迎える場所について　□病院　□自宅　□施設　□病状に応じて

③その他の基本的な希望（自由に記載する）

2. 終末期になったときの希望

①心臓マッサージなどの心肺蘇生　□してほしい　□してほしくない

②延命のための人工呼吸器　□つけてほしい　□つけてほしくない

③抗生物質の強力な使用　□使ってほしい　□使ってほしくない

④胃ろうによる栄養補給　□してほしい　□してほしくない

⑤鼻チューブによる栄養補給　□してほしい　□してほしくない

⑥点滴による水分の補給　□してほしい　□してほしくない

「人生最期の医療に関する調査」60歳以上の回答

鎮痛剤		使ってほしい	使ってほしくない
	60代	68.0%	19.7%
	70代	66.4%	22.2%
	80歳以上	53.8%	30.9%
心肺蘇生		してほしい	してほしくない
	女性	13.7%	74.0%
	男性	22.2%	63.4%
胃ろう	全体	4.4%	85.4%

⑦その他の希望（自由に記載する）

平成二十五年五月、NPO法人「高齢社会をよくする女性の会」が「人生最期の医療に関する調査」結果を発表しました。五三九〇人からの回答のうち、六十歳以上の高齢者の回答を見てみると、「意志表示ができなくなり、治る見込みがなく、全身の状態が極めて悪化した場合」には、上の表のような結果が出ています。

一〇〇パーセントに満たない不足分は、「分からない」という回答です。

二〇〇八年発表の厚生労働省のデータとくらべると、延命治療を望まない人は倍以上になっています。自然な老い、自然な死を受け入れるという人生観がだんだんと確立されてきている傾向がはっきりと見てとれるでしょう。

貝原益軒《かいばらえきけん》は『養生訓《ようじょうくん》』に、寿命について「凡万《およそよろず》のこと皆天命なれば人の力及びがたし」と書いています。

真の寿命は、天命を受け入れることなしには成り立ちません。

いたずらに逆らわず、静かに穏やかに寿命を終える――。その姿はこのうえなく清々しく、そして自然です。特別な宗教を持つかどうかに関わりなく、大いなる世界に召されていく感じがあり、見送る人の手は自然に合掌《がっしょう》し、心には充足感さえ満ちてくるようです。

死は喪失でも悲しみでもなく、深い歓びでもある。大事な人はそのように見送りたいし、自分自身もそのように見送られたいと願っています。

47

いまこの一瞬を生きることは、永遠を生きること

死を思い、死を見つめ、死について語り合うことをお勧めします、などとお話しすると、「何だか辛気《しんき》臭い。こんな年になって暗い気持ちで毎日を過ごすのはイヤだから、死のことは頭から追い払って、もっと前向きに生きていこうよ」と言われそうです。

でも、それは考え違いではないでしょうか。死について思いを深めると、反対に、いま生きてここにあることが貴重な光を放つのです。

特に老後では、その貴重な光がひときわ光芒《こうぼう》を放つように感じます。いつ死が訪れるか分からないのは年齢や性別には関係ないことですが、そうはいっても年を重ねてくると、確実に死が近づいてきているからです。

たとえば毎年咲く花を見ても、ふっと、来年もこの花を見ることができるだろうかという思いが頭をかすめます。すると毎年見てきた花が、一段と心に沁みるものになるのです。

仏教には「即今《そっこん》」とか「而今《にこん》」という考え方があります。過去や未来に囚《とら》われず、ただ、いま、この一瞬を精いっぱい生きるという意味です。**「いま、この一瞬」のほかに、自分が生きているときはないのです。**

そして、この一瞬が積み重なって一日になり、一生になり、永遠にもつながっていくのです。一瞬一瞬を光らせて生きていないのなら、たとえ百歳生きても、そんな一生は空っぽで、もの悲しさが残るだけでしょう。

48

すべてを素晴らしいものに変えてしまう「ありがとう」

「小さな生命の営《いとな》み」にも慈《いつく》しみの目を向けることができるようになると、自然と、この世には目に見えないけれど、計り知れないほどの大きな力が働いていることを素直に感じ取ることができるようになるでしょう。

私たちは、生きているのではなく、その大きな力によって、生かされているといえるのかもしれません。私たちの生命は与えられたもの、授《さず》かったものなのです。

それを感じたとき、生命を与えられたこと、今日、こうして生きていることに対して、心の底から感謝の念が込み上げてくるはずです。

その感謝をそのまま「ありがとう」と口に出してみましょう。家族に対して、社会に対して。自分を見守ってくれているすべての人に、自分の日常を構成するさまざまなものを提供してくれる人それぞれに、「ありがとう」と言ってみることです。

「ありがとう」もまた、仏教に由来する言葉です。『雑阿含経《ぞうあごんきょう》』の中に、釈尊《しゃくそん》の話が説かれています。

「たとえば、大海の底に一匹の目の見えないカメがいて、百年に一度、海上に浮かび上がるのだ。その海には一本の浮木《ふぼく》が流れていた。浮木の真ん中には穴がある。カメが浮き上がったとき、ちょうどその穴のところに浮き上がり、頭を突っ込み、穴から海上に頭が出ている……。

そんな、あり得ないこと、ありがたいことが起こった。それがここにいる一人ひとりが人間として生まれたということなのだよ」

だからこそ、親鸞《しんらん》は「人間に生まれたことをよろこべ」と、ありがたいと思うように話したのです。

私は、人生をもっとも価値あるものにする言葉は「ありがとう」だと思っています。

でも、どんな場合にも、どんな人にも、心の底から「ありがとう」と口にできるようになるには、それなりの人生経験が必要でしょう。

人として成熟を進めていくにつれ、あらゆるものに深く感謝できるようになっていく……。そうなったとき、どんな場合にもまず「ありがとう」という言葉が口に浮かんでくるようになるでしょう。

そういう心情に至ったときには、いま生きているということ、身の回りにあるさまざまなこと、さまざまな人……すべてが万金《ばんきん》よりも価値があるものだと痛切なまでに感じるようになるのです。

もっとも豊かさに満たされた人生とは、そうした境地で生きていくことではないでしょうか。

すべてのもの、すべての人、すべてのことに心の底から「ありがとう」と言う習慣を今日から自分のものにしてみませんか。

参考文献

『イギリス節約生活　お金がなくても幸せになれる』アリスン・デバイン　光文社
『吉沢久子の簡素生活　ものを生かす技術、使いきる知恵』吉沢久子　海竜社
『英国式スローライフのすすめ　簡素でゆたかな暮らし方』大原照子　大和書房
『お金とモノから解放されるイギリスの知恵』井形慶子　大和書房
『老いのシンプル節約生活　ひとり暮らしの上手なお金の使い方』阿部絢子　大和書房
『幸福になるための作法45』中野孝次　ポプラ社
『老年の良識』中野孝次　海竜社
『五十歳からの生き方』中野孝次　海竜社

〈著者略歴〉
保坂　隆（ほさか　たかし）
1952年山梨県生まれ。慶應義塾大学医学部卒業後、同大学精神神経科学教室入局。1990年より米国カリフォルニア大学ロスアンゼルス校（ＵＣＬＡ）精神科に留学。東海大学医学部教授、聖路加看護大学臨床教授、聖路加国際病院精神腫瘍科部長、聖路加国際大学臨床教授などを経て、現在、聖路加国際病院診療教育アドバイザー、保坂サイコオンコロジー・クリニック院長。
著書に『敏感すぎる自分が幸福いっぱいに変わる生き方』（電波社）、『結局、怒らない人が長生きする』（朝日新聞出版）、『精神科医が教える　毎日がスッキリする「老後の快眠術」』（ＰＨＰ研究所）、『精神科医が教える「タイプ別」ストレス解決法』（海竜社）など多数がある。

本書は2013年に発刊されたＰＨＰ文庫『精神科医が教える　お金をかけない「老後の楽しみ方」』の内容を厳選し、再編集したものです。

精神科医が教える
お金をかけない「老後の楽しみ方」〔愛蔵版〕
心を豊かにする生き方のヒント48

2018年９月４日　第１版第１刷発行

著　　者　保坂　隆
発 行 者　後藤淳一
発 行 所　株式会社ＰＨＰ研究所
東京本部　〒135-8137　江東区豊洲5-6-52
ＣＶＳ制作部　☎03-3520-9658（編集）
普及部　☎03-3520-9630（販売）
京都本部　〒601-8411　京都市南区西九条北ノ内町11
PHP INTERFACE　https://www.php.co.jp/
制作協力
組　　版　株式会社PHPエディターズ・グループ
印 刷 所　図書印刷株式会社
製 本 所　株式会社大進堂

ISBN978-4-569-84127-4